우리집 가자

황산 손영채 제2시집

풍류가인 황산 손영채 시인 연보

- 환경부장관 표창(2010)
- 서울특별시장 표창(2017)
- 환경부장관 환경대상(2021)
- 국회의장 공로장 수상(2022)
- (사)한국건축가협회 정회원
- (사)한국건설기술인협회 정회원
- 제21기 민주평화통일자문회의 자문위원(대한민국 헌법기관)
- 서울대학교 총동창회 이사
- 한양대학교 참사랑회 회장
- (前)(사)녹색환경창조연합 대표
- (前)(사)그린환경운동본부 제3대 총재
- (前)(사)한국도시정비사업조합 중앙회 기술자문위원
- (前)서울특별시 강남서초교육지원청 학교환경위생정화 심의위원
- (前)(사)한국 바이오텍 경관 도시학회 상임이사
- (前)(사)한국도시재생학회 이사
- (前)(사)한국주택학회 정회원
- E-mail : syc5821@hanmail.net

_____ 님에게

나를 사랑한 사람들,
내가 좋아했던 사람들과
아름답고, 행복한 동행길
함께 오래토록 나눔하고 싶습니다.

년   월   일

_____

● 시인의 말

시는 나에게 있어 영원한 동반자요, 멘토이자 구원자

 오랜 세월 동안 사회봉사와 기업을 경영하면서 때로는 목젖까지 차오르는 갈증을 사위면서 비우고 내려놓고 버리는 연습을 병행했다. 때 묻지 않는 순백한 마음으로, 묵언수행 하는 자세로 주어진 사명의 길 묵묵히 정진하고 있다.
 제2시집을 묶으면서 수많은 번뇌(煩惱)와 갈망, 생로병사(生老病死), 생자필멸(生者必滅), 회자정리(會者定離)에 관한 성찰의 각(覺)을 깨고자 연습했다. 자신을 통하여 달관(達觀)하는 경지에 이르고자 살아온 연륜만큼 글 쓰는 일에 몰입하다 보니 잠시 잊고 살았던 내 안의 나를 되돌아보는 계기가 되었다.
 시는 나에게 있어 영원한 동반자요, 멘토이자 구원자인지도 모른다. 제1시집 『황매산 연가』를 발간하고 주변 분들과 독자들의 사랑을 한 몸에 받고 보니 더욱더 시인다운, 문학인다운 작가로 임해야겠다는 자부심을 가지게 되었다. 또한, 지난해 문학세계 작가상 수상 기념 시집으로 발간하게 되어서 얼마나 가슴 벅차고 행복한 일인지 모른다. 독자들의 사랑과 응원, 기도 덕분이라 생각한다.

  축하의 글을 흔쾌히 써 주신 (사)한국문인협회 이사장을 역임하신, 석산 이광복 소설가님과 제10대 정무 제1장관, 제9대 체육청소년부 장관을 역임하신 청민 박철언 시인님과 시집 해설을 맡아주신 (사)세계문인협회 이사장, 월간 『문학세계』 김천우 발행인님, 편집부 관계자님, 사랑하는 우리 가족, 선영에 잠드신 부모님, 지인님들께 진심을 담아 바칩니다.

풍류가인 황산 손영래

● 축하의 글

석산 이광복(소설가 · (사)한국문인협회 명예회장)

 그동안 손영채 시인을 만날 때마다 한두 번 놀란 것이 아니었다. 그는 문인으로서 갖추어야 할 덕목을 골고루 지닌 당대 최고의 지성인이라는 인상을 주었다. 겸손하고, 진지하고, 내공으로 가득 차 있으면서도 결코 그것을 겉으로 드러내 보이지 않는 그 듬직한 인품이야말로 자못 문인으로서의 귀감이라 할 것이다.
 자고로 진수무향(眞水無香)이요 진광불휘(眞光不輝)라 했다. 참된 물에는 향기가 없고 참된 빛은 번쩍거리지 않는다는 뜻이다. 이는 진리 중의 진리가 아닐 수 없다. 본래 좋지 않은 물일수록 뭔가 그럴싸한 냄새를 풍기고, 가벼운 빛일수록 까불까불 번쩍거리게 마련이다. 그 반면 오염되지 않은 천연수는 아무런 향기도 풍기지 않으며, 하늘의 태양은 번쩍거리지 않으면서도 그 중후한 빛 자체만으로 천지만물을 비추는 이치와 같은 것이다.
 언제나 점잖고 과묵한 손 시인은 저명한 도시공학 박사이면서 환경 분야에서도 일가를 이루었다. 그뿐 아니라 기업을 이끄는 경영인으로 크게 성공한 그는 마침내 시인까지 겸업하는 가운데 주옥같은 시로써 우리 문단을 빛내고 있다. 그는 1인 2역, 1인 3역 또는 그 이상의 역할을 감당하면서 지칠 줄 모르는 뜨거운 열정으로 격조 높은 시편들을 계속 발표하고 있는 것이다.

  필자는 지난번에 나온 제1시집 『황매산 연가』를 손에 들자마자 한 번도 놓지 않고 끝까지 다 읽었다. 고향과 자연과 생명과 행복을 진지하게 노래한 일련의 작품들이 큰 울림으로 다가왔다. 결코 가식이 없는, 가슴으로부터 우러나오는 솔직담백한 언어들이 감동의 진폭을 더욱 키워 주었다.

  그는 이번에 제2시집 『우리집 가자』를 상재했다. 특히 이 시집은 문학세계 작가상 수상 기념 시집이어서 그 의미가 더욱 크다. 이 시집에서도 그는 고향과 자연과 생명과 행복을 천착하고 있다. 그런 점에서 이 제2시집은 제1시집 『황매산 연가』의 연장선상에 있다 해도 과언이 아니다. 사실 고향과 자연과 생명과 행복이라는 주제는 문학이 탐구해야 할 영원한 화두라고 생각할 때 손 시인이 지금까지 일궈낸 문학적 성과는 높이 상찬 받아 마땅할 것이다.

  우리 시단에 새로운 지평을 열어갈 손영채 시인의 시집 『우리집 가자』 출간과 제3회 문학세계 작가상 수상을 축하한다. 아울러 이를 계기로 그의 작품세계가 더욱 높이 비상하기를 기원한다.

제1부

백 리 벚꽃길 아래

- 시인의 말
- 축하의 글 _ 석산 이광복(소설가 · (사)한국문인협회 명예회장)

갯버들 __ 15
감사한 마음 __ 16
종자산(種子山) __ 17
빙박 __ 18
양평카페 __ 19
경회루(慶會樓) __ 20
기와집 순두부 __ 22
마음의 창 __ 23
행복이란 __ 24
동백꽃 __ 25
청설모 한 쌍 __ 26
관악산 연주암(戀主庵) __ 27
희망의 등불 __ 28
들꽃 __ 29
춘설(春雪) __ 30
새벽 __ 31
우리집 가자 __ 32
행복한 삶 __ 34
죽서루(竹西樓) __ 35
나릿골 __ 36
경인면옥 __ 37
뭉게구름 __ 38

제2부

꽃 피고 지던 그 날

새 생명 __ 41
봄의 교향곡 __ 42
꽃 피고 꽃 질 때 __ 43
봄비 __ 44
지리산 산천재 __ 45
가을 단풍 __ 46
풀벌레 __ 47
아낙네 세월 __ 48
등불 __ 49
햇살 속으로 __ 50
여름 유행가 __ 51
콩카페(Da Nang) __ 52
멍게꽃 __ 53
목련 __ 54
미케비치(My Khe Beach) __ 55
꽃비 내리던 날 __ 56
달빛여행 __ 57
숲속 힐링캠프 __ 58
여의도 벚꽃 __ 59
숲속길 나들이 __ 60
우정 __ 61
봄의 전령사 __ 62

제3부
우리네 인생길

소망우체통 __ 65
선비의 고장 개평 한옥마을 __ 66
명선도(名仙島) __ 68
대추나무 __ 69
소망길 __ 70
기다리는 봄 __ 71
나는 행복한 사람 __ 72
봄소식 __ 73
눈 내리는 밤 __ 74
가야산 소리길 __ 75
녹차 향기 __ 76
인연설 __ 77
유람선 불꽃축제 __ 78
사계절(四季節) __ 80
진달래꽃 __ 81
꽃비 __ 82
고창 청보리밭 1 __ 83
동백꽃 __ 84
피톤치드에게 __ 85
폭포수 __ 86
가을 대추 __ 87
춘삼월 __ 88
라벤더꽃 __ 89
오늘도 걷는다 __ 90

제4부

영혼의 나래 펴고

전나무 숲 __ 93
바람과 구름 2 __ 94
통통배 __ 95
물의 정원 __ 96
꽃과 나비 __ 97
쉼터 __ 98
청녹색 꿈 __ 99
산새 울음소리 __ 100
황금 들판 __ 101
숲속 길 __ 102
꽃 피는 일상 __ 103
가을하늘 2 __ 104
구름 __ 105
들꽃 __ 106
우리집 뜰 __ 107
바람 같은 인생 __ 108
만추 __ 109
새벽길 __ 110
저녁 노을 __ 111
동작철교 __ 112
죽녹원 __ 113
한여름 밤 __ 114
모닝커피 __ 115
연꽃미소 __ 116

제5부

수선화 꽃보다 그대

목화밭 ― 119
낙안읍성 ― 120
순천만습지 ― 121
우란분재 ― 122
민둥산 억새꽃 ― 123
처서(處暑) ― 124
희망 2 ― 125
첫눈 내리는 날 ― 126
동궁과 월지 ― 127
고창 청보리밭 2 ― 128
아카시아 2 ― 130
꽃길 ― 131
토속식당 ― 132
수선화 꽃보다 그대 ― 133
중년의 향연 ― 134
들꽃향기 ― 135
당신의 향기 ― 136
부부애(夫婦愛) ― 137

● 해설 풍류가인(風流歌人) 황산 손영채 시인의 청렴(淸廉)하고
  순수서정(純粹抒情)을 노래하는 시세계(詩世界)
  • 김천우(시인 · 문학평론가 · (사)세계문인협회 이사장) ― 138

01 / 백리 벚꽃길 아래

갯버들

겨우내 꽁꽁 얼었던 실개천
졸졸졸 천상의 연주처럼 설레는 봄

햇살가득 모여드는 풋내음
갯버들 꽃봉오리마다
톡 톡 봄소식 알려주네

눈부신 순백의 자연의 풍미
삼라만상 새싹들 배시시
기지개 켠다

실개천 따라 흐르는 물소리
한 잎 두 잎 봄향기에 실려가고
연초록 꽃편지 같은 춘삼월
봄봄 갯버들 사이 마음까지 따사롭다

감사한 마음

저 높고 푸른 하늘 아래
기름진 옥토와 신록의 푸르름 사이
길동무 함께하는 벗이 있어 내사 좋다

자연과 더불어 순응하면서
자유롭게 태동할 수 있는
진실한 친구 영원한 동행

안식을 취할 곳 있어 넉넉하고
문방사우 존재하는
하늘의 신과
땅의 지신께
감사하고 고마운 마음
가슴속 깊이 새기리라

종자산(種子山)

전설의 종자산(種子山)*
북쪽 자락인 개야리마을

옛날 아이 낳지 못하던 슬픈 여인네
산에 올라 정성껏 기도하여 귀한 자손 얻었네
신심으로 키운 자식 관직에 올랐다는 전설

천지신명께 얻은 자식
씨앗산으로 불려온 세상이야기
종자산의 일화

*종자산(種子山) : 강원특별자치도 홍천군 서면에 있는 산.

빙박

홍천강 꽁꽁 얼어붙은 실개천
빙박캠퍼 여름철 물놀이
사시사철 캠핑장마다 분주하다

정월대보름 달빛 타고
어둠이 건너오면 물살에 어리는
"배바위"범선 연상시킨다

황금보석처럼 반짝반짝 빛나던
얼음 위 불 밝힌 빙박텐트
천상의 별빛 같은 환상의 풍경

겨울철 이색 체험지로 유명한
하룻밤 체험 신비롭고
보석 같은 운무이더라

낭만가객들 삼삼오오 힐링캠프
알콩달콩 솔솔한 즐거움까지
빙박의 추억담
한아름 쓸어안고 왔다

양평카페

삭막한 도시와 서정의 자연
넘나드는 남한강 카페
감성이 익어가는 유일한 터전

남한강 물줄기 탁 트인 전망
지친 일상의 무거운 짐 잠시 내려놓고
몸도 마음도 안식을 취하는 공간

달달한 아이스크림
바삭바삭한 비스킷
부드러운 라떼 한 잔의 여유
향기와 맛까지 일품이다

울긋불긋 오색찬란한 꽃들의 향연
오랜 추억의 한 장면으로 기억할 장소

함박웃음 기쁜 마음
슬픈 마음까지 나누는
유일한 영혼의 쉼터

경회루(慶會樓)*

고풍이 서려있는 경회루 고궁
푸른 연못 속 우뚝 선
누각의 기품

미의 절정까지 만개한 경회루 오솔길
누각 돌기둥마다 조각된 용무늬
쓰다듬으며 감탄했다

조선의 발자취 국가 지정 문화재
봄꽃들 개화하며 축제장 같은
아름다운 경관
행락객들 마음까지 사로잡은 봄기운 풍성한 뜨락

이곳저곳 둘러보니
감흥에 심취하여 수를 감상하니
우리 문화유산 전통의 뿌리 멋 취하는 날

경회루 누각 섬세하고 중후한
전통기와 용머리 신비로움까지 곁들이니
한 폭의 동양화 연상하듯
오감이 행복한 나들이길

＊경회루(慶會樓) : 경회루(慶會樓)는 경복궁 근정전 서편에 위치한 누각
  으로, 왕이 신하들과 연회를 베풀거나 사신을 접대하고, 가뭄이 들면 기
  우제를 지내는 등 국가 행사에 사용하던 건물이다.

기와집 순두부

무쇠 가마솥에 풍겨오는
순두부의 진미 경이롭다

몽글몽글 엉겨 붙어
친밀해진 콩국물은 걸쭉한
고향맛처럼 일품이다

가마솥 가득 안개를 연상하듯
뽀얀 김이 모락모락
하얀 콩국물 순두부 맛
고소하고 담백한 풍미에 반해버린다

국민 먹거리 순두부맛
식감 속에 전해오는 행복

어릴 적 어머니가 손수 빚어주시던
순두부맛 사모의 정 그리워
중년의 가슴 뭉클 눈시울 적신다

마음의 창

감성 젖어드는 아름다운 카페
사춘기적 동심 떠올리면
현란한 불빛 향연
취하고 취하는 풍광이 좋다

농익은 여인 향기에 취하듯
빛나는 눈동자 촉촉한 꽃미소에
목석 같은 마음 흔들린다

두근두근하는 가슴
풋사랑 불꽃 태우려나
이국의 밤 애모의 정까지 느껴진다

잠시동안 설레였던
낭자의 자태에 홀린듯
바람결에 말없이 돌아가는
그, 겨울의 찻집

행복이란

사랑하는 가족이 곁에 있고
죽마고우 함께하며
기름진 옥토에 대자연을 노래하고
육신이 쉬어가는 곳에 머물고 있음에

나는 행복하였소

내사
세상에서 가장 행복하고
선택 받은 사람이라오

동백꽃

북풍 한파에 붉게 피어나는 동백꽃
산천어귀 제 모습 잃지않고
수려한 자태 아름답구나

겨울과 봄 사이
연결하는 고혹적인 동백꽃

모진 눈보라 속에도 제 모습 간직하고
탐스러운 모습 마음속에 담아본다

시련과 고뇌를 이겨내고
기개를 잃지 않고 곱게 피어나는
그 모습 영원히 빛나리라

청설모 한 쌍

북풍한설 추위도 비켜가는 산사
따스한 햇살 한 줌 암자를 덮혀준다

깊은 숲속 먹이 찾아
나들이 나온 청설모 한 쌍
이리 뛰고 저리 뛰고 숨바꼭질

수북수북 쌓인 낙엽 헤치고
도토리 한 알 두 알 입에 물더니

앙증맞은 꼬리 치켜 세운 채
상수리 나무 위로 포르르
달려올라가 허기 달래는 모습
사랑스럽고 어여쁘다

관악산 연주암(戀主庵)

훈훈한 순풍 불어와 백년하늘 툇마루에 앉아
세속의 무거운 짐 내려놓고 보니

솔개 무리떼 낮은 자세
관악산 정상을 넘나들고
바람같이 홀연히 사라져간다

저 멀리 바라보이는
거리의 등불과 찬란한 네온사인
하나둘 불빛 밝혀지는 저녁

산사의 풍경소리 염불 뒤로한 채
터벅터벅 되돌아오던 길

하늘새 한 마리
연주암 불경처럼
그 곡조 아름답다

희망의 등불

내 인생 나이 중년의 세월
천층 만층 구만층
수많은 시간이 흐르고 흘러
여기까지 달려왔다

무거운 삶의 편지 짊어지고 달려
숨 가쁘게 도착하였더니
두 번 다시 되돌릴 수 없는 시간
허무한 빈 콩깍지였네

사시사철 푸르름 가득한 소나무처럼
춘삼월 깊은 산 속 계곡물 놓아 내리듯
희망의 등불 피울 수 있는 그 날까지

소소한 꿈 모아 사랑의 언약 맺으니
오늘도 내일도 내사 행복하였네라

들꽃

이름 모를
풀섶에 피어나는
앙증맞은 들꽃
하천 들길 따라
배시시 웃음 짓는 너

꽃바람 타고 살랑살랑
입맞춤하는 야생초

홀로 피고 지는 꽃
그 향기에 취해
행복한 사랑의 계절

춘설(春雪)

시리도록 하얀 설경
창밖으로 그려보는 시절 인연

고요한 정취에 젖고 젖어
눈부신 아침 햇살 사이
흐드러지게 피어나는 춘설의 유희

한 폭의 그림이 따로 없다
겨울 속 봄 이야기 귀 열어두면
몸도 마음도 가슴 따뜻한
하얀 마음으로 기도하는 날

새벽

찬바람 가슴속 깊이
살금살금 파고드는 선 새벽

지친 몸 뒤척이며
선잠 깨다

무심으로 밀창을 열고
하늘 바라보니
밤새 참았던 오줌보
시원한 폭포수 같구나

모두 비우고 다시 채우려
새벽잠 깨우는
솔바람소리 너였구나

우리집 가자

아들아 딸아 우리집 가자
눅눅한 병원 답답하고 숨 막힌다

눈 녹아 비가 되어버리고
버들강아지 입춘 사연 지났건만
봄이 오면 시골집 돌보러 가자

봄바람 불고
꽃봉오리 새싹이 톡톡
꽃대 사이 피어나는데

봄, 봄, 봄
울 아버지 건강은 호전되지 않네

병색이 짙어가는 가여운 울 아버지 기다리는
백 리 벚꽃길 금성산* 아래
한평생 쓸고 닦고 가꾸어 온 집
어서 오라 손짓한다

꽃비 맞으며 하늘나라 가신 그 날
하늘도 땅도 울었소

＊금성산 : 경상남도 합천군 대병면에 위치한 산으로 모산은 황매산이다
 (금성산 봉수대는 경상남도의 기념물 제219호로 지정되었다).

행복한 삶

현대인의 삶터
늘, 유혹에 빠져들며 자극 받는다
더 빨리 더 높이 저마다 꿈꾸는 인생길

타오르는 욕망 부추기면서도
모두 행복한 삶이라 생각한다

물질 만능주의시대 약한
존재가 바로 사람이라
절제하며 평상심을 잃지 않고
살아가는 것이 주어진 사명이니

차근차근 한걸음 두걸음
정제 되어가는 시간여행
이승의 마지막 그날까지
주어진 사명 영혼 수놓아 보자

죽서루(竹西樓)*

관동팔경 제1경 큰 누각
오십천 흐르는 귀암 절벽 위 죽서루
자연석 세워진 독특한 성터
자연석 우뚝 솟아올라 위엄이 있다

아침 햇살 황금빛 물드는 풍경
자연과 조화 절창이로다

옛 시인 묵객들과 풍류를 즐겼던 곳
신선이 따로 없다

정상을 올라 산 굽어 내려다보니
오십천 푸른 물결 만추의 가을
취하고 또 취하네

풍류가객 도반으로 삼아
가부좌 틀고 눈 감고 명상에 잠겨보는
죽서루의 아침

*죽서루(竹西樓) : 강원특별자치도 삼척시에 위치한 누각으로 국보 제543호로 지정되었으며 관동팔경 중 하나이다. 관동팔경(통천의 총석정(叢石亭), 고성의 삼일포(三日浦), 간성의 청간정(淸澗亭), 양양의 낙산사(洛山寺)의 의상대, 강릉의 경포대(鏡浦臺), 삼척의 죽서루(竹西樓), 울진의 망양정(望洋亭), 평해의 월송정(越松亭))에는 옛 선조들의 풍류와 시선이 곳곳에 남아있다.

나릿골

해변가 산비탈아래 달동네
바다와 해안 사잇길
내륙과 산악지대
동해 천혜자연 수려한 풍해안

산과 바다를 연결하는 조용한 산길 따라
바다가 내려다 보이는 나릿골*
소담스러운 하늘 아래 달동네

하얀 눈처럼 순박하고
평화로운 마을인심
풍요로운 세상인심 어촌마을

퇴색된 담장 골목마다 그려진 벽화
한 폭의 그림이 따로 없네

*나릿골 : 강원도 특별 자치도 삼척시 정하동의 바닷가 언덕 달동네 마을.

경인면옥*

신포국제시장 문화예술거리
냉면육수 메밀향 육향이 일품이다

간장 희석되어 육수의 풍미 또한
입맛 돋우니 기막힌 그 맛을 잊을 수 없다

돼지고기편육의 조화로운 궁합
식감이 짜르르 몸 속으로 유희를 하고

잊을 수 없는 추억 속 별미
경인면옥식당
그 때 그 자리 묵묵히 지키고 있어
더 없이 고맙고 반갑다

*경인면옥 : 인천광역시 중구 신포시장 근처에 위치한 경인면옥은 1944
 년에 개업해 80년이 넘은 인천의 평양냉면 맛집이다.

뭉게구름

비 갠 오후 폭염이 뜨거운 여름
파란 하늘 잠자리떼
모여드는 뭉게구름 춤사위

이산저산 높은 봉우리 휘감아 넘나들고
하늘과 땅 사이 허공에 산수화 그리듯
시시각각 먹구름으로 변신하는
구름 속 엘레지

02
/
꽃 피고 지던 그 날

새 생명

산천에 핀 꽃송이
한 송이 두 송이 새롭다

길가에 늘어선 꽃길
넘 아름다워
새 생명 샘솟는 봄이 왔구나

푸른잎 무성한 여름과
오색단풍 물들이는 화려한 가을
하이얀 눈 쌓이는 겨울

사계절마다
자연의 신비
울긋불긋 변화무쌍하다

봄의 교향곡

겨우내 꽁꽁 얼음장 깨고 시냇물 졸졸졸
새싹들 꽃망울 움트고
양지바른 밭두렁 냉이 캐는 할머니
농부들 손길 바쁘고 분주한 봄의 여울목

먼 산 진달래 산수유꽃
노란 병아리 삐약삐약
봄소식 흥겹다

넓은 들녘 농부 밭 가는 소리 워이워이
여기저기 들려오는 풍악소리 어깨춤 들썩
새싹, 꽃봉오리 탄생의 계절

꽃 피고 꽃 질 때

꽃 필 때 사뿐사뿐 심장소리 쿵쿵
뜨거운 열정가루 꽃봉오리 활짝 피우고

꽃이 질 때 빛 잃은 캄캄한 동굴처럼
몸도 마음도 싸늘히 식어간다

더이상 피울 수가 없는 너의 혼
가련하고 예쁘구나

꽃 피고 꽃 지는 세월 따라
무심으로 흘러가는 저 구름아

어디에서 왔다가
어디로 떠나가는가

봄비

봄비가 보슬보슬 내린다
조용히 소리없이 내리는
빗소리 들으며 하염없이 걷고 싶다

겨우내 얼어붙은
찬 냉기의 잔해 속
꽃나무 피우려나

앙상한 나뭇가지끝
파릇파릇 물이 차오르고
잎사귀마다 빗방울
톡톡 터트린다

산과 들녘에서
어서오라고 방긋방긋
손짓하는 봄날

지리산 산천재*

햇살 따사로운 봄날
거룩한 산천재 매화향기

북풍한설(北風寒雪) 견디어내고
빈고의 세월 꽃 피웠네

신화처럼 고귀한 발자취
달빛아래 은밀히 묻어나니

옛 무명 삼배옷 입고 누각에 홀로 앉아
독경 읽는 옛 선비의 낭랑한 음성
글 꽃 유생되어 오래도록 피웠으면 좋겠다

---

*지리산 산천재 : 지리산 천왕봉 아래 산청군 시천면 사리에 있는 산천재. 남명 조식(曺植, 1501~1572)선생이 학문을 닦고 후학을 양성하며, 노년을 보낸 장소.

가을 단풍

눈부시게 청명한 만추의 계절
오색 단풍 곱게 물들어가고
사뿐사뿐 발걸음마다 마음까지 상쾌하다

오감을 즐겁게 하는 가을 우수
첩첩산중 높은 봉우리 올라가니
신선이 따로 없다

세상사 겸허히 자연의 도반이 되어
하늘 가르침 주는 듯하네

풀벌레

녹음방초 우거진 숲
풀벌레소리 윙윙윙
노래 부르는 시절 좋은 때
모두 다 이승의 사랑인가

삼라만상 모두 순환되는 산 숲
피곤한 몸과 마음 쉬어가는
싱그러운 대자연의 세계도 때가 있도다

아낙네 세월

꽃다운 청춘 어디로 가고
마음은 제자리걸음
눈부신 아침 햇살
산자락 마을 아낙네
풀내음 따라 싱그럽다

양지바른 밭두렁 사잇길
삐쭉삐쭉 고랑사이
풀밭 헤집고 봄나물 캐는 아낙네

고달픈 인생 삶의 등짐
검은 머리 희끗희끗
주름 가득찬 세월 말하고
나이는 이길 수가 없으니
조금씩 쉬어 갔으면 좋겠다

등불

어둠 속에서도 빛나는
꽃등을 켜고 시름에 잠긴다

지치고 고달픈 육신
어깨 토닥토닥 위로를 하고
천년바위 걸터앉아
허기진 마음 기댄다

저녁노을 붉게 물드는 시간
해는 기우는데

초막집 한 켠에
등불 앞에 마주 선
내 그림자 쓸쓸하구나

햇살 속으로

이른 아침 산중 카페
상큼하고 소담스럽다
커피내음 우려내며
벽난로 옆 옹기종기 삼삼오오
깔깔 웃으며 수다떠네

창 너머 바라보이는 숲속
앙상한 나뭇가지 끝
여울지는 세상 이야기

긴긴겨울 비바람 맞으며
떨고 있는 낙엽들의 운무
눈보라가 되어 피어 흩날린다

무심으로 젖어드는 인생 소곡
너와 나 그리고 우리
아침 햇살처럼 속삭이는 밀회처럼
그 시절 추억이 그리운 날

여름 유행가

푹푹 찌는 삼복더위 끝자락
제법 선선한 바람
아~ 가을인가

여름내 성큼 자란 잎새마다
어우러진 산들바람이 좋아라

시원한 바람 그늘 집 찾던 바쁜 걸음
녹음방초 짙어가는 계절

한낮 참매미 소리
유행가 따로 없다

너도 나도 따라 장단 맞춰 노래하세
내일을 향해 달려가리라

흥겨운 유행가 한 곡조 부르고 싶은 날

콩카페(Da Nang)

코로나 팬데믹 분위기로 인해
해외여행 떠나지 못했던 암울한 시대
이제야 베트남 다낭길 두둥

콩까페 이색적인 분위기에 취하고
시끌벅적 알록달록한 의자
시원한 강바람 맞으며
한강뷰 조망할 수 있어 힐링이 되고
남녀노소 삼삼오오 즐거운 수다를 떤다

시원하고 부드러운 코코넛
진한 커피와 데이트 달달한 맛도 또한 일품일세

코코넛향 열대과일 수북수북
그 맛에 취해 피로와 무더위 싹 사라진다

오래오래 우리의 소중한 추억 찾아
다시 찾아 가고픈 다낭행 콩카페

멍게꽃

꽃길 따라 삼천리
남해 바다 어귀에도 산뜻한 봄이 왔네

진홍빛 멍게
화려하게 활짝 핀 계절

봄내음 품어내는 산과 들
바닷길 천국이 따로 없다

우둘투둘한 돌기 진홍빛 색감
아름다운 한 송이 꽃무리

입안에서 사르르 녹는 기막힌 맛
향긋하면서도 짭조름한 바다향 일품일세

목련

한파가 아직 채 가시지 않았는데
고귀하게 피어나는 봄의 전령사

가까이에서 성큼성큼 유혹하고
붓모양 소담스러운 꽃 탐스럽다

저 꽃피고 지던 그 날
파릇파릇 새순 돋아 나면
다시 먼 후일 기약하겠지

목련꽃 우아한 자태
큰 눈꽃송이 어머니 품속 같아
코 끝이 찡하게 어린다

미케비치(My Khe Beach)*

끝 없는 지평선 유리알처럼 맑은 해변
신세계처럼 펼쳐지는 풍광사이
출렁출렁 파도소리 나를 부르는 듯
깊은 상념에 잠겨본다

반짝반짝 사금다리 같은 모래사장
맨발로 걷다보니
행여 날아갈세라 찰칵찰칵 사진기에 담아본다

화이트비치
동남아 휴양지 에메랄드빛 세상
형형색색 빛나고 빛나도다

해 질 무렵 타는 듯한 갈증 걷어내는 사나이 순정
붉게 타오르는 청춘이 따로 없다

*미케비치(My Khe Beach) : 베트남 다낭에 위치한 선짜반도 남단에서 오행산까지 약 10km에 달하는 긴 화이트 비치다.

꽃비 내리던 날

봄 강물 차오르고
연두빛 새싹 돋아나는 봄

산천초목 입맞춤하며
소생하는 모습 어여쁘다

농사일 준비하는 농부의 환한 미소
순박하고 정겨운 모습

오늘따라 자연의 선물이 감사하다

밭고랑 물결처럼
생동감 듬뿍 행복이 넘치고

꽃비 약비 따라
사무치게 그리웠던 사랑비

달빛여행

화사한 봄날 달빛여행
서두르며 행주산성* 다다랐다

임진왜란 행주대첩 전승지
호국정신이 깃든 유서 깊은 섬터
서광에 빛나는 문화유산

해질녘 행주산성에 오르면
석양이 물드는 낭만의 한강

방화대교의 경관 조명 아래
번져오는 노을의 연가
시인의 마른 가슴 적신다

봄기운 시원한 강바람
얼마나 평화로운가

그 누구도 흉내 낼 수 없는
하늘과 땅 자연의 고혹적인 자태
유연하고픈 이내심사

*행주산성 : (사적 제56호)경기도 고양시 덕양구 행주동에 위치. 1592년 임진왜란 당시 권율 장군의 행주대첩 싸움터로 알려진 곳으로 흙을 이용하여 토축한 산성이다.

숲속 힐링캠프

사방으로 새봄 준비하는 농부들 모습
선조들 일구어 놓은 땅 기지개 켜는 듯
저마다 생동감 넘친다

일상에서 잠시 벗어나 나만의 여유를 찾아
굽이굽이 첩첩산중 산길 밟으며
자연바람 산새소리
하늘과 산과 바람 숲들의 속삼임
새로운 세계로 발을 들여놓은 듯하다

자연 괴암석 기품은 곧고 그윽하고
곳곳에 불법의 큰 기운 느껴진다

자연은 나의 스승
자연과 하나 된 듯 평화롭다
몸과 마음까지 혼연일치된다

역사와 문화가 살아 있는 곳
근심걱정을 내려놓고 보니
나도 모르게 포근해지는 힐링숲
지친 영혼 쉬어가고 싶은 치유의 쉼터

여의도 벚꽃

해마다 반겨주는
여의도 벚꽃길 한눈에 펼쳐진다

비바람에 후두둑 쏟아지는 꽃잎들
떠나가는 봄 작별하는 쓸쓸한 마음 달래기 제격이다

첫사랑 같은 너, 혼불 지피며
다시 만날 기약 속에
Good bye 인사
아름다운 약속
한강 물살 따라
번져가누나

숲속길 나들이

작별하는 햇살 아래
땅거미 짙게 내리고

땀방울 송글송글 어리는 이마
두손 꼭잡아 마음 녹이는 숲길
드높은 하늘 고추잠자리 허공을 가로지르네

계곡숲 노송들 울창하게 키 재기하며
개울 따라 훤히 보이는
피라미 산천어떼 춤추고 노래한다

시원한 산 바람 마주하며 걷다 보면
작은 소망까지 이루어진다

섬긴 마음 넉넉해지고 함박웃음 뒤에
희망찬 내일 기약하면서 하산하니
내 안의 모든 잡념 말끔하게 씻겨간다

우정

남해바다 작은 섬
저녁노을 물살에 차오르네

털게털 뽀송뽀송 솜털처럼 부드럽고
자근자근 담백한 식감
고소한 그 맛 일품이다

벗들 얼굴 미소가득
동백꽃처럼 화사하네
한 잔 술에 소꿉친구들 우정
새록새록 모래알처럼 싹트네

이런저런 이야기 동심으로 돌아가
사랑의 마음 새록새록 움트니
그 시절 그 추억 하늘가에
다시 모여들고 있다

봄의 전령사

동백꽃동산 숲을 이룬 군락지
잔뜩 움츠렸던 한겨울 지나가지만
봄의 연결고리 동백꽃 귀하고 보배롭다

코끝 스며드는 따뜻한 온기
겨우내 해동 맞으며
싱그러운 봄소식 알려준다

빨간 동백의 기품
옛 추억 꺼내보니
두툼한 잎 진초록 맑게 빛나네

너도나도 신명으로 맞이하는 춘삼월
꽃동네 새동네 무심으로 즐거워라

03 / 우리네 인생길

소망우체통

한 해의 심호흡 새롭게 다짐하는 곳
한반도에서 해가 가장 먼저 뜨는 간절곶
일출보러 밀려드는 새해 명소

출렁이는 푸른 바다 붉은 태양
새하얀 등대 우뚝 솟아 새해 인도하네
거대한 우체통 사이 해파랑길

새해 간절한 소망 염원 모두 담아
소망우체통에 넣으면
그 소원 이뤄질 것이라는
세상에서 가장 설레는 희망 사랑의 우체통

선비의 고장 개평 한옥마을

개평 한옥마을*의 유래 경남기념물 제268호 지정
예로부터 좌 '안동' 우 '함양'이라 일컫는 마을
역사가 흐르는 선비고장
전통이 살아 숨 쉬는 전당
행복이 넘치는 마을
눈에 담아본다

많은 유학자 배출한 선비마을
고즈넉한 고택 정겨움 가득한 돌담길
단아하고 기품 있는 아름다운 정원
한국의 명소 개평 한옥마을은 문화유산 영토에서
선비처럼 산책해 본다

작은 언덕길 일두의 산책로
늘 푸른 대나무숲
운치 있는 자연 풍광
세월의 흔적 물씬 풍기는 소나무숲
향긋한 솔내음 코끝에 스며든다

고풍스런 마을 한옥의 정취
마음 깃든 곳 한옥의 미학
깔끔하고 고색창연한 한옥지붕
물매가 사뿐히 들린 파도의 향연을 볼 수 있는 곳
고풍스러움이 깃들인 마을
눈과 가슴속에 스며들어 좌안동 우함양의 기운으로
편안함이 가득하다

누구나 가볍게 탐방하고 옛스러운 고택에서
무거운 짐 내려놓고 조용한 휴식
하룻밤 지내고 싶은 곳
사람과 자연 그리고 선조들의 발자취
많은 영감과 위안을 주는 고택 한옥마을
마음 따라 길 따라
자연이 살아 숨 쉬는 고장 일품일세

*개평마을 : 경상남도 함양군 지곡면 좌 '안동' 우 '함양'이라 일컫는 마을. 수많은 유학자를 배출한 영남지역의 대표적인 선비마을. 조선 오현(五賢) 중 한 사람인 일두 정여창 선생의 고향이다.

명선도(名仙島)*

작고 아담한 섬 명선도
푸른 빛 아름다운 청청 동해 바다 신비의 섬
등대 해가 한 눈에 떠오른 일출
이색적 풍경 신선이 내려와 놀았던 섬

둘레가 330m밖에 안되는 신비의 섬
포구의 붉게 물들이고 몽환적 신비의 바다
떠오르는 태양 일렁이는 파도 멸치잡이배 통통
하늘엔 갈매기떼 끼럭끼럭 바닷길 인도하네

물안개 어우러지는 바다풍경
은빛 모래 파란 바다 물결
시원한 파도소리 소나무 숲속 청량감

환상의 파도와 바닷물 일몰 후 풍광은 장관이다
물살에 비치는 오색 찬란한 예쁜 야경
그 속에 흠뻑 빠져들어간다

*명선도(名仙島) : 울산광역시 울주군 서생면 진하리에 있는 작고 아담한 섬.

대추나무

해마다 이맘때쯤에
밭두렁 끝자락 대추나무 두 그루

파란 하늘 따사로운 햇볕
사랑 받으며 자란 가을열매 튼실하다

붉은 옷으로 갈아 입는 달달하고 야무진 대추
익으면 익을수록 단맛 난다

제사상 첫 번째 줄 우뚝 자리잡고
자손 많이 낳아 집안 번성케하는 나무

옛 속담 어려운 일 잘 견디어내는
단단하고 모진 사람으로 불리기도 했다

한약재에도 으뜸가는 명품대추
풍성한 사랑이 주렁주렁 빛나건만
비바람에 후두둑 떨어질 때마다
상심한 마음자리
잠 못 들고 심숭생숭하다

소망길

밝은 세상 가는 길
야생화 바람에 살랑살랑
솔향기 가득 행복 익어간다

이마에 땀방울 송글송글 두 손 잡고
마음 녹이고 가슴 조이던 사랑의 노래

늙은 소나무 울창한 숲속 계곡
기도터 같은 묵상의 언덕
물소리 졸졸 정겹다

훤히 속살 보이는 피라미 산천어들
춤추고 노래하는 계절

신선한 바람길 걷다보면
온종일 웃음꽃 피어나고
내일 바라보며 모든 잡념 씻겨 내려가는
우리네 인생길

기다리는 봄

북풍한설 겨울 지나가고
봄소식 설렘의 시절 좋은 때

영원불변의 사랑의
꽃말 지닌 산수유꽃 만개하고
노란색 옷 갈아입은 꽃동네 새동네

봄소식 가장 먼저 알려주는 산수유
절로 사랑이 이루어지는 마법의 꽃

반석 위에 누워 하늘 바라보니
파란 하늘 노란 물감으로 물들었다

연인들 삼삼오오 판타지를 그리며
단 하루만이라도 지독한 사랑
꿈꾸던 그 이름 산수유

나는 행복한 사람

긴 터널 지나 단꿈을 꾸는 날
사랑의 안부 구름처럼 몰려들고
시절 좋은 하루를 시작한다

힘들고 어려울 때 함께하던 친구
소중하고 진정한 보석 같은 우정이다

한 생각 비우고 내려놓으니
평상심 가득한 이내심사
인내하면 큰 뜻 이루어진다

초고로 인생 여차여차 살아오면서
행복가득 웃음꽃 활짝 피우니
천국이 따로 없는
나는야 지상에서
가장 행복한 사람이어라

봄소식

유난히 추웠던 지난 겨울은 쓸쓸했다
남녘에서 부드러운 봄바람 불어오면
방방곡곡 봄소식 저만치서 들려온다

따스한 햇살 파고드는 고향의 봄
그리운 마음 설레이고 천 리 길도 지척이다

왕벚꽃 흩날리던 뜨락에는
울아버지 삼베옷 단장하고 홀연히
하늘여행 떠나셨는데 아직도 소식이 없네

그립고 보고 싶은 부모님 생각
천 리 길 달려가고픈 내 고향 황매산
오늘따라 더 없이 사무친 마음
억누를 길 없어라

눈 내리는 밤

시리고 서늘한 겨울 진눈깨비 내리고
가슴속 싹튼 사랑 소복소복 쌓이면
잊고 살았던 추억의 소야곡 떠오른다

하얀 눈 내리는 겨울밤
새찬 바람 불어오던 날
묻어둔 옛사랑 떠나 보내야 했던 이내심사
그리움에 사무쳐 가슴 아프다

사랑도 인연도 묻어보고픈 눈 내리는 밤
잊어버리고 떠나야 할 시간 다가오니
꽃이 피었다지듯 사랑도 영원한 것은 없다

가야산 소리길

천고마비의 계절 붉은 단풍길 걸으며
낙엽 밝는 소리 귀 열어두고 산길 오른다

풍요의 계절 앞세우고
홍류동 계곡 유혹하는 가을이여

물 맑고 정다운 계곡마다
생태계 보금자리 산길 아래
가야산 폭포수 자연도 흥겨워 노래하네

내가 살던 고향은 꿈속의 사랑마저
어머니 품속 같은 가야산 소리길 다시 그립다

먼 하늘 보며 불러보는 어머니
목젖 아리도록 소리쳐본다

기암괴석 절벽 폭포를 지나
울긋불긋 단풍 장관이로구나

녹차 향기

찬바람 채 가기전
꽃바람 불어오는 녹차계절
청화 도자기 찻잔 속 모락모락 김이 오르니
따뜻한 온기 온 몸으로 울려 퍼진다

연둣빛 녹차잎 그윽한 향
눈과 마음까지 취하는 그 유혹 싫지않다

청정지역 자연을 배경으로
거친 비바람 아침이슬 속에 어린 새순들
고운 싹 틔우며 차로 완성되기 전 과정이 놀라워
몇 겹의 몸살 앓은 후 돌고돌아 온 잎새들

농부의 정성으로 빚은 따뜻한 차의 온기
씁싸름하고 은은한 향 일품이다

국민건강차 한잔 속에 피로가 확 날라가고
입안까지 개운하니 참 좋은 기운
풍류가 만화방창이라

인연설

너와 나 지난 날 추억 속에 묻어두고

함께 동행할 길 칠흑 같은 어둔 밤에는 더욱 정겹다

향기가 있고 꽃 피면 두렵지 않은 자가 없지 않겠는가?

무질서 속에서 사랑과 욕망 집착은 가시밭길 같다

우리네 인연 세월이 흘러도 가슴 뭉클하고 한결 같아야 한다

아름다운 세상에서 가장 순수하고 빛나는 삶이 연결하기를 바랄 뿐이다

유람선 불꽃축제

다낭 한강 유람선에 오르니
고요하고 시원한 강바람
오색 찬란한 유람선 승선하여
무대 앞 베트남 전통 춤 공연에 취하여
묵은 짐까지 싹 털어냈다

머리결 나풀나풀거리며 실려오는
선상에서 어화둥둥 트로트 울려퍼지고
중년남녀 어깨춤 둥실둥실 춤춘다

다낭의 강변 일몰과 선상공연
환상적인 불꽃축제 장관이었고
빌딩숲 교량사이 색깔이 바뀌면서
오색 찬란한 풍광 현란하다

용머리 웅장한 풍채 자랑하며
불 뿜고 물 발사 입 딱 벌어지는
용다리 화려한 조명
용 몸체 오색빛무늬 시시각각 변한다

야경에 현혹되어 동영상 찍느라 분주한 이국의 밤
셀카로 찰각찰각 부지런히 담는다

잔잔한 물결 위로 젖어드는 현란한 조명
오감까지 물들어 가는 설렘은
관광객 취흥 돋구기 최고라네

사계절(四季節)

춘하추동
꽃 피고 꽃 지는 춘절이 찾아오면
가장 먼저 봄 소식 싱그럽다

무더운 한 여름 폭염사이
파릇파릇 돋아나는 나뭇잎새들
녹음방초, 숲들의 합창소리 그윽한 계절을 지나

가을 들녘에 풍년가 울려퍼지는 결실의 달
울긋불긋 화려한 만추를 맞이하여
때때옷 옷 갈아입는다

찬 서리 매서운 겨울 동짓날 즈음엔
온동네 새하얗게 덮힌 순백의 설원
사계절 파노라마 천국이 따로 없다

진달래꽃

먼산 진달래꽃 산능선마다 연분홍 수놓고
산천을 흐트러지게 물들이는 초봄

벚꽃 앞서거니 뒤서거니 화려해도
봄의 전령사는
꽃들마다 향연이 천하일품이다

솔솔 불어오는 산바람 들바람 진달래가 으뜸이요
너도나도 행복미소 번지고
담장너머 틈새마다 만개하는 봄, 봄

꽃비

하늘 기운 지상 아래 번지는 날
고운 햇살 나뭇가지 끝마다
연두빛 옷으로 갈아입는다

수양벚꽃 산수유 개망초
꽃바람 타고 여행 떠나고 싶은 봄

진분홍 수 놓은 빗방울마다
시리도록 아름답게 번지는
우울하고 묵은 마음까지 설렌다

고창 청보리밭 1

오월의 길목 초록빛 넘실대는 청보리밭
끝없이 펼쳐진 완연한 봄이 왔다
아침 햇살 눈부신 물결의 조화

연초록 가득 머금는 자연의 풍광
곳곳마다 사람 사는 세상
구불구불 테마가 있는 풍경길
바람개비 빙글빙글 돌며 춤추네

하늘빛 바람 사이마다
청보리밭 짙은 풀내음
가슴 터지도록
풋사랑 같은 아련한 추억 떠오른다

새싹보리 탱글탱글 살찌우는
계절의 중심을 맞이하여
다시 그 길목 찾아 그대와 손 잡고 걸어보고 싶다

동백꽃

그 누구보다 당신을 사랑한다는 동백
꽃말처럼 열정의 숨결이 그립다

겨울동백 기개 높은 너의 혼불 앞에
붉은 피로 물들인 가슴 저린 사연

카멜리아(camellia)*춘심 울리는 동백이여
동백꽃아가씨 구성진 노랫말 속 싱숭생숭한
마음까지 들춘다

산 넘고 물 건너 이국 만 리 길
끝없이 방황한다던 그 때

꽃이 아름다운 것은 피어나서가 아니고
참고 기다려온 그대 향한 그리움
자연의 섭리 아니겠는가

---

*카멜리아(camellia) : 밝은 보라색 기미의 빨강. 카멜리아는 동백나무란 뜻으로, 그 꽃색에 비유되는 명칭이다.

피톤치드에게

삼림욕중 피톤치드 마시면 스트레스 해소되고
오장육부 심폐기능 강화되며 살균작용
뛰어난 너를 만났다

대나무 울랑한 산림 숲
마음껏 심호흡 하고 있으니

어디선가 계곡물
고운 물방울 소리 천상의 연주가 따로 없다

과묵한 사나이 가슴속까지
흠뻑 적시는 피톤치드
너의 에너지 듬뿍 받는다

폭포수

심산유곡 울창한 숲속계곡
맑고 깨끗한 폭포수 아래
끊임없이 계곡으로 흐르는 맑은 물

물소리. 산새소리. 풀벌레소리
아이들 물장구치는 소리도 흥겨운
계곡사이 불어오는 솔바람
살랑살랑 흥겹게 춤춘다

푸른 물빛 햇볕에 스며들고
숲속마다 어우러진 모습
갈 곳 잃고 흩날리는 심연의 계곡 처연하구나

가을 대추

한 입 두 입 지그시 스며드는
달달하고 그윽한 맛
담백한 대추의 고혹적인 멋까지
입맛을 돋운다

몽글몽글 촉촉하고
달달한 천연빛
가을이 익어가는 소리도 덤으로 즐감하니
과일 중 씨앗마저 으뜸이다

춘삼월

만물이 생동하는 봄이 왔다
엄동설한 찬 냉기 한풀 꺾이고
남쪽에서 불어오는 바람
대자연 새싹들 꿈틀 옹알이한다

겨우내 잠자던 개구리
기지개 켜는 춘삼월
산천초목 연둣빛으로 물들이는
꽃망울 쏘옥 고개 내민다

수양버들 강아지
들녘에서
봄바람 불어오면

산수유 진달래 개나리 매화
산천을 꽃불 켜는 너의 기운에 흠뻑 빠져
남녀노소 삼삼오오 숨 가쁜 계절

라벤더꽃

천고마비의 계절 가을
라벤더꽃 활짝 피어
두 팔 벌려 반겨주는 시절 좋은 때

은은한 연보랏빛 자태
보라색 라벤더 향기에 젖어든다

자연과 태양빛의 조화
훈풍 바람길 따라 흔들흔들

윙윙 하늘 향해 허공을 날아 오르는 꿀벌떼
빙빙 돌며 춤추는 천상의 무대
꽃잎들 유혹에 잠시 시름 달래본다

오늘도 걷는다

홀로와 더불어 살아갈 수 없는 세상
낮은 자세로 진정한 삶 가치
찾기 위해 오늘도 정처 없이 걷는다

내 안의 보행, 생각의 리듬,
실천의 겸손, 자연과 대화로 걸어가는 길

사색과 영감 미래의 내 모습 그려보니
숙연해지는 이내 마음 도심에 젖는다

참진리 찾아 배움과 사람 사이
영화롭게 꽃피우려 오늘도
정처 없이 걸어가는 인생길

04
/
영혼의 나래 펴고

전나무 숲

몇 해 만에 가족나들이
산천초목도 반겨주는 듯
폭염에 달구어진 열대야
한여름 전나무 숲길 따라
자연 속으로 들어가네

산새들 합창소리
비타민제 따로 없고
쭉쭉 뻗어 있는 수려한 자태
시원시원하다

하늘이 내려준 천혜의 땅
순백의 자연 그 숨결 풍요로워라

바람과 구름 2

우리네 인생사 한조각 구름인 것을
세월이 흘러가니 무상이로다

모진풍파 비바람에 부대끼며
젖고 젖어 부초 같은 중년의 나이

무지개꿈 하늘가에 수 놓아
별을 노래하는 이내 마음 한자락 시름에 젖고 젖는다

우주의 섭리 순종하면서
회자정리 속 연륜은 비켜갈 수 없으니
내 마음 나도 몰라라

통통배

시시각각 변하는 너 바다여
해풍으로 불어오는 지평선 너머
등대를 감고 돌아 바다 위에 서면

파도소리 처얼썩 처얼썩
기러기 끼럭끼럭 서럽게 노래하고
해변가 풍경 장관을 이룰세

통통배 만선의 뱃고동 울리면
그 시절 다시 그리워 목 메인다

물의 정원

달달한 솜사탕 같은 뭉게구름
북한강 물줄기 따라 두물머리 끝

천상의 물길 산책로
황금빛 물감으로 뿌려놓은 꽃무늬

코스모스 들꽃 어서 오라 손짓한다
황화꽃 흐트러지게 피어있는 물의 정원

끝없이 펼쳐지는 화사한 풍경
자연의 조화 경이롭고
중년의 닫힌 마음 열어주고 있다

마른 영혼까지 푹 빠져드는
낭만의 산책로
그대와 오래도록 머무르고 싶다

꽃과 나비

하늘과 땅 기운 맞닿아
불쑥 솟은 산자락
흐르는 강줄기
꽃과 나비 넘실댄다

꽃바람 맞으며
마음까지 깨끗하게 씻어주고
더없이 고운 사랑 청실홍실
맺었으면 참 좋겠다

나비야 나비야 어디서 날아왔니
내 마음 두근두근
시원한 강바람 타고
너와 나 손에 손 잡고
우리 사랑 천년만년 머물고 싶네

쉼터

풀벌레 소리 자장가 같은 새벽
선잠 깨어나보니 나도 모르게
자연과 합창을 한다

숲속 샘터 모든 것 순환되고
풀벌레 나비 휴식의 공간
자연도 사람도 쉬어가는 곳

추운 겨울 지나 따뜻한 봄이 오면
죽고 살아 가는 일
쉬어가는 명당이로세

청녹색 꿈

붉은 태양빛
바위 틈 사이
김이 모락모락 새어오르네

드넓은 초원
푸르름 가득한 청녹색 꿈

뜨거운 햇살은 가고
어느덧 신선한 공기

사그락사그락 파도치듯
너울너울 춤춘다

모든 시름 다 잊고 머문 그 자리
차오르는 시름마저 달래주려나

산새 울음소리

8월 장맛비 밤새 내리니
흠뻑 젖은 나뭇잎 생기 돋는다

산새들 합창소리
지지배배 천상의 화음 따라
솔향기 바람 따라 번지니 풍경이 따로 없네

황금 들판

맑고 청아한 하늘 아래
황금물결 이루는
더 넓고 수려한 평야

파란 하늘가
넘실대는
흰 뭉게구름 사이
두둥실 바람결에 흔들리니

농부들의 부족한 일손
알알이 익어가는 곡식들
엄마 품처럼 훈훈하고 넉넉하다

숲속 길

비탈진 언덕 울창한 숲 오르니
방긋방긋 나를 반기고
댕구르르 낙엽길 따라
다시 모여들었다 흩어진다

울긋불긋 꽃단풍 사이
구름속 가려진 숲
서로 얼싸안고
웃음꽃 세상 만든다

형형색색 꽃단장
연지곤지 다듬은 새색시처럼
화려한 외출 핑크빛무드
한 폭의 동양화처럼 황홀하여라

꽃 피는 일상

명경알처럼 영롱한 서해바다
해안길 따라가보니
신선이 머물 곳인가
이팝나무 물결 눈꽃송이
향연이로다

고군산도 크고 작은 섬
옹기종기 펼쳐진 햇살 조각처럼
부셔져 내리는 쪽빛바다

해안가 산기슭 주황빛 솔방울
해송 미소 지그시 바라본다

찬란한 해조곡 울려번지는
신비로운 세상사 잔잔한 물결 따라
끝없이 흩어지고 부서진다

가을하늘 2

천고마비의 계절

오색빛 무지개 세상

가을은 한 폭의 풍경

사계절 왕이로소이다

구름

싱그러운 가을 하늘
처연하게 펼쳐지는 한 조각 인생사

구름사다리 타고 하늘 날으며
비바람에 젖고 부대끼며
웃기도 울기도 하겠지

새벽안개 걷히고
젖은 속살 드러내며
바르르 육신을 떨고 부끄러운 몸짓
하늘구름 희망깃발 나부낀다

들꽃

너의 이름 불러주기 전에
하얀 속살 먼저 꽃 피운다

순백의 안개꽃 사이 피어오르는 꽃무리
빗방울 젖어 고개 숙인 야생화

그 향기 피할 수 없어
여기 왔노라

우리집 뜰

창문 틈 스며드는 아침햇살
행복이 머무는 뜨락
향나무 내음 호젓한 일상으로 돌아간다

새들의 합창 소리
초록빛 여울목마다 꽃망울 터트리는
아름다운 꿈의 정원

허굴산 산등선 진푸른색
뒤덮을 때 뜰엔 붉은 석류알 옥구슬처럼
주렁주렁 자연의 신비 경이롭다

계절마다 뜰에는 숲이 변하고
앞마당 가문 지키는 수려한 향나무
내 인생의 황금기도 변함없이
무럭무럭 자랐으면 참 좋겠다

바람 같은 인생

늦가을 훈풍의 유혹
빽빽한 전나무잎새
사이사이 속삭인다

구름 같은 인생
무심의 계절
떠돌다가는 여정

길벗들과 마주하며 구리주전자
동동주 한 잔 한 잔 주고 받으니
그 인정에 취하고

그동안 살아온 인생
강물 같은 속마음 이야기
툭툭 털어보니 바람 같은 인생이련가
참말로 쓸쓸하다

만추

향기로운 시 싱그러운 음악처럼
감미로운 계절

오색 단풍잎 울긋불긋
익어가는 그 해 여름 열기를 식혀준다

시절 좋은 낭만의 계절
그림자 뒤에 낙엽들 아우성
시몬 구르몽의 시가 그리운 달

새벽길

산림이 무성한 깊은 황매산* 계곡
짙 뿌연 안갯길 열리네

산허리에 올라오니 청설모
외로운 산새가 반가운지 여지없이 울어주네

이름 모를 새가 외로운지 반가운지
임 그리워서 울어주는가
자식들 기다리는 애달픈 노래 소리인가

새소리 우렁차 장단 맞추어 뚜벅뚜벅
내 인생도 뚜벅이가 되어 열어갔으면
참 좋겠네

*황매산 : 경상남도 합천군 대병면·가회면과 산청군 차황면의 경계에 있는 산. 높이 1,113m로 소백산맥에 속하는 고봉이다. 영남의 소금강으로 불리며 꼭대기에 뭉툭한 봉우리를 얹어놓은 듯한 모습이다.

저녁 노을

여수 밤바다
해질녘 물결치는 해변가 거닐면
첫사랑 순정 같은 노을
붉게 타오른다

황혼이 지면
고독한 가슴
밀물처럼 스며들고

여수 밤바다 쏟아지는 별빛
뱃고동소리 뿌앙 뿌앙
시인의 밤은 서연하다

동작철교

숨가쁜 하루 갈무리 후
퇴근길 지하철 인파
불빛이 번쩍번쩍

열차는 상하교차하며
어둠내리는 한강 질주한다

일상에 지친 승객들 움츠러든
어깨마다 숱한 사연 묻어나고
표정 없는 얼굴 삐에로 인형처럼

핸드폰에 톡톡톡
승객들은 어디로 향할까
동작철교야 응답하라

죽녹원

한여름 장마 지나가고
싱그러운 대나무 숲속길
나의 길 인도하네

하늘 치솟은 대나무 군락지
자연이 인간에게 전해주는 아름다운 절창
여행의 즐거움이 샘솟는다

대나무숲 쉼터에 앉아 잠시 숨 고르고
철학자의 길 걸어가는 나그네
연상하며 지친 몸과 마음을 재충전하며

쭉쭉 뻗은 왕대나무 사각사각
영혼의 나래 펴고 사색에 잠겨본다

한여름 밤

고즈넉한 산골의 여름밤
금정산 아래 소담스럽고
인기척 없는 텅 빈 집

침묵이 흐르고
고요해 잠들지 못하는 이내심사
달빛만 서연하고 째깍째깍 자정 알리는 괘종소리

여름밤은 한없이 깊어서 더욱 쓸쓸하니
옛 생각 이리저리 뒤척 잠들지 못하는 밤

모닝커피

은은한 모닝커피향 블랙의 오묘한 유혹
무거운 몸을 일으키고 머그잔
연인처럼 살며시 가까이한다

찌뿌둥한 육신
따스한 온기를 휘감고
서서히 달아오니

감미로운 향 변함 없고
밝아오는 아침 햇살
커피잔 속에 내가 머물고 있다

연꽃미소

광릉수목원 청정지역 당도하여
공덕의 길 봉선사 기도길
수목원 가로수길 들어섰다

자연이 숨 쉬는 수목 향기 코끝에 머물면
가슴이 두근두근
청사초롱 만개한 연꽃 반갑게 맞이한다

초록 연잎에 피어있는 기품
순백의 연화 미소
우아한 자태 관세음보살 합장
내 마음 넋을 빼앗기다

부처님 자비와 광명의 빛
언제나 평화롭고 숙연해지는
불법의 향기

05 / 수선화 꽃보다 그대

목화밭

목화밭 사잇길 빗방울 떨어지면
자연과 사랑이 하나 되어
몽실몽실 하얀 꽃으로 피어나네

하얀 꽃송이 만개하여
목화꽃 송이송이
한주먹 뭉게구름처럼
뭉실뭉실 피어 하얀 솜사탕

풀과 꽃이 만개하고
벌과 나비 함께 춤추며

하얀 꽃 바람과 함께
너울너울 춤추네

낙안읍성*

조선시대 지방관아
천하명당터 금전산기슭
백이산과 오봉산 감싸고
분지 지형 읍성

굳건하고 웅장한 성곽 끝자락
올라보니 낙안읍성
초가원형집 민속마을
천혜의 요새요 명당이 따로 없네

*낙안읍성 : 전라남도 순천시 낙안면에 소재한 읍성. 조선시대의 읍성으로 사적 제302호로 지정되었다.

순천만습지

광활한 갯벌과 갈대밭 사이
일몰의 정취가 일품인 곳

흑두루미 철새 무리가 장관을 이루고
철새떼 하늘로 솟아오르면
갈대밭 우우우 함성이 우렁차다

행랑객 사이사이 꼬불꼬불 오솔길 따라
앞서거니 뒤서거니 서로 마주하고
노래 부르며 손짓하는 산책로
철새떼 짝지어 목청껏 노래 부르는 순천만

해질 무렵 갈대숲
방문객 눈과 마음 시름까지
훅 날려보낸다

우란분재

처연한 연가등불 경내를 덮히고
세속으로 들어온 듯 마음까지 고요한
대웅전 법당에 정좌하니

참회와 번뇌가
안개처럼 사라진다

산사의 풍경소리 부처님전 문안인사
시끌벅적 분주한 경내

삼보에 귀의하고 지장보살 가피력으로
지옥에서 고통받는 중생들 위하여
깨달음 얻고 가슴 한켠 웅크리고 있는
자아를 일 깨우는 부처님 세상은 극락세계

민둥산 억새꽃

불모지 민둥산* 억세평원
대자연의 풍광이 극치를 이룬다

가을을 대변하는 억새꽃
바람결 따라 팔색조로 변하고

억세군락지 능선 따라
파란 하늘 뭉게구름 아롱진다

저녁 노을 해 질 녘 꽃불 켜는 밤
눈과 가슴 찰칵찰칵 심안으로 담아본다

---

*민둥산 : 강원도 정선군 남면과 화암면에 걸쳐 있는 산. 산의 이름처럼 정상에는 나무가 없고, 드넓은 주능선 일대는 참억새밭이다.

처서(處暑)

영과 육이 풍요로운 시절
밀창가에 낭만이 모여들고

전신주 걸터 앉은 갈 까마귀떼
까악까악 합창하네

어김없이 찾아오는 계절은 속일 수 없어
한 폭의 동양화 연상한다

저 멀리 우면산 끝자락
풍경마다 환상의 물결

울 엄마 연화미소 같은
따스함으로 젖어든다

희망 2

적막하고 어두운
밤하늘 바라보니

지나간 세월 발자취 따라
아쉬웠던 추억의 세레나데
번민과 망상 속 후회로 가슴 아프다

초승달 사연이 밤하늘 빛내고
반짝이는 작은 별들의 무리
세상만사 태평천국이다

창창하게 솟아오르는
아침햇살 서광이 우주 안에 가득하여
새 희망 새 마음 벅차도록 담아본다

첫눈 내리는 날

소리 없이 흩날리는 눈꽃송이
첫눈 밟으며 산에 올라서니

유년 시절 옛 추억 골마다
새록새록 떠오른다

뽀드득 뽀드득 발자국 남기며
천상에서 내리는 함박눈 맞으며
솜털 수 놓은 듯 쌓이는 산능선

혹독한 추위도 잊어버린 채
순백의 세상 가슴 활짝 열고
세속의 때 걷어낸다

동궁과 월지*

새천년 역사의 부활 웅비한 서라벌 땅 경주
10월의 마지막 끝자리에 서면
동궁과 월지 화려한 황금 야성
불국사 토함산 굽이돌아 심안에 담는다

현란한 불빛 속
노래하고 춤추는 가수들 무희보다 황홀하여
무아지경에 빠져들고 보니
주막집 파전에 동동주 한사발도 신선주와 같구나

달빛에 취하고 서라벌 운치에 젖어드니
내 마음 두고두고 주체할 수 없음에
이곳이 바로 별천지로구나

*동궁과 월지 : 경상북도 경주시에 위치한 통일신라시대 궁궐 유적이다.
 신라의 별궁으로 태자가 사는 곳이었다.

고창 청보리밭 2

초록빛 넘실대는 오월 청보리밭
끝없이 펼쳐지는
파릇파릇한 몸짓
사춘기 들뜬 가슴
심쿵심쿵

빗줄기에 살랑살랑 봄 강물 출렁이고
미로 같은 테마
풍경길 따라
끝없이 돌아가는 바람개비
하늘가에 아롱진다

님 그리며
사뿐히 즈려 걷는 길
가슴 터지도록
그 사랑 품고
돌고 돌아가는
청보리밭 판타지

새싹보리 탱글탱글
노랗게 익어가는 시절 좋은 계절

두고 온 발자취 따라
다시 찾아오련다

아카시아 2

오월의 전령사, 너
아카시아꽃이여

꽃송이마다 주렁주렁
오월 꽃 향기에 숨이 가쁘다

청초한 자태 그윽한 향기
꼭꼭 숨겨둔 사랑
너의 고고하고 수려한 자태
내 품에 폭 안겨온다

달그레한 꿀맛에 취해
벌들의 사랑 노래 향연

초록잎새 사이로 숭어리 피어난
아카시아꽃 어여쁘구나

꽃길

사랑하는 당신
함께 동행한 세월
잠시 쉬었다가 걸어요

비우고 내려 놓으면
꽃향기 불어온다오

남겨진 세월
그대와 새로운 길
우리 꽃길 걸어요

토속식당

고향의 맛이 풍기는
솜씨 좋은 주인장이 직접 요리하는 집
정성이 깃든 건강한 밥상

청정지역 황매산의 신선한 산나물
옛 방식 그대로 토속 된장국 깊은 맛
보글보글 그대로 깊은 입맛을 살리네

합천호 토속식당 여기에
오길
참 잘했다

수선화 꽃보다 그대

긴 세월 함께한 내게 소중한 사람
내가 당신을 사랑하는 마음

크게 모자라지만 당신에게 주는 큰 선물
수선화 노오란 빛깔이 아무리 곱고 아름답다 한들
당신의 마음심에 비할까요!

신선한 노란 꽃향기 그윽한
당신의 기나긴 세월 함께한 남은 세월
꽃향기 피워요

수선화보다 더 곱고 아름다운 당신
남은 인생 행복하게
아름다운 꽃향기 피워 채워주리

중년의 향연

아침바다 햇살 기운 듬뿍
받으며 내 마음 새 희망으로

시원한 바다 바라보며
저녁 노을에 빛나는
붉게 타오르는 태양

사랑의 기운을 듬뿍 받아
손 잡고 백사장길
걸으니

아름다운 항해 경로를 찾아
저 멀리 떠밀려가네
그것이 중년의 향연

들꽃향기

이른 아침에 남한산성 둘레길 걷다가
길가에 핀 들꽃을 보았다
참 예쁘게 피었다

겨울이 지나고
이른 봄꽃 피어서 더욱 그 아름다움
마음에 와닿았다

들꽃향기 풀내음
싱싱한 봄꽃 소식 아름답다
자연은 영원히 향기롭다

당신의 향기

파란 하늘 속 흰 구름
뭉게뭉게 두둥실 피어나네

꼬불꼬불 꽃밭길
우린 길을 걸었네

빨간 우산 노란 양산 아래
당신의 뽀얀 얼굴 꽃물 들었네

연지곤지 찍은 수줍은 새색시처럼 어여쁜 얼굴
멋스럽게 물들어가네

당신과 함께한 나들이
당신의 미소로 내 마음에 느껴지는 행복

내 마음의 꽃은 시들어도
당신 마음은 영원히 향기로 채워주리라

부부애(夫婦愛)

함께 걸어온 인생길
쉬우면서도 가장 어려운 길이었네

풍파 속에서도 향기로운 당신
내 속까지 스며드는 긍정의 향기

낮에는 따스한 햇살처럼
밤에는 반짝이는 밤하늘 별처럼
나를 비춰주던 당신

우리의 긴 여정 속
참된 사랑

당신은
나의 영혼의 꽃이여!

● 해설

풍류가인(風流歌人) 황산 손영채 시인의 청렴(淸廉)하고 순수서정(純粹抒情)을 노래하는 시세계(詩世界)

— 황산 손영채 제2시집 『우리집 가자』 작품 해설

김 천 우

(시인 · 문학평론가 · (사)세계문인협회 이사장)

1. 시대적 재조명을 위한 인생예찬(人生禮讚)

풍류가인(風流歌人)이라 칭하는 황산 손영채 시인의 제2시집 상재는 매우 반갑고 기쁜 일이다. 제1시집 『황매산 연가』는 발간 후 독자들에게 뜨거운 사랑을 받았던 베스트셀러 book이라 생각한다. 손영채 시인의 시집, 『우리집 가자』에서는 현실에서 비껴갈 수 없는 어버이 사랑을 고스란히 담고 있는 작품집이다. 이 작품집은 제3회 문학세계작가상을 수상한 바 있으며, 탄탄하게 물기 오른 작품성 또한 예사롭지 않은 언어의 결집체가 아닌가 할 정도로 진솔하면서도 담백한 언어의 울림이 가슴 깊이 파고들고 있다. 이 시대를 재조명하는 풍류가인 손영채 시인의 시적화자(詩的話者)는 시에서 말하는 주제와 관점을 시인의 자신을 말할 수도 있지만 시적 상황과 시대적 조명에 따라 설정된 상상력의 화자로 점지할 수도 있다.

시인이 추구하는 언어의 카타르시스(Catharsis)는 감정의 정화를 구사한 동반 예술의 극치를 전달해 주는 그만의 시학(詩學)에서 사용하는 메타포(Metaphor)를 적절하게 표현하는 구심점을 찾을 수 있다. 아리스토텔레스는 시학에서 관객의 마음을 훔치는 비극과 희극이 잠재된 인간본능의 예술적 가치가 향유되었는지도 모른다. 시인은 종합문예지 월간 『문학세계』의 운영·홍보위원장 직분을 맡고 있으면서도 꾸준히 작품세계를 펼쳐가고 있으며 (사)세계문인협회 부이사장 직분까지 공유하는 한국 문단의 중심부 역할을 하는 시인다운 출중한 시인의 면모를 골고루 갖추고 있는 훌륭한 문인이며 공학도로서 사회인으로, 봉사단체의 수장으로 역할도 거뜬히 수행하고 있는 점들을 볼 때 시인의 인생 철학 속 작품의 화자는 무궁무진한 에너지를 골고루 갖춘 출중한 언어의 주역임에는 틀림이 없다고 본다.

2. 귀소본능(歸巢本能)의 자아실현(自我實現)

제1부에서 5부의 각기 다른 성향으로 나뉘어져 있다

전설의 종자산(種子山)
북쪽 자락인 개야리 마을

옛날 아이 낳지 못하던 슬픈 여인네
산에 올라 정성껏 기도하며 귀한 자손 얻었네
신심으로 키운 자식 관직에 올랐다는 전설

천지신명께 얻은 자식
씨앗 산으로 불려 온 세상 이야기
종자산의 일화

―「종자산」 전문

 풍류가인 손영채 시인의 시편 속에서 접하는 종자산은 강원도 홍천에 있는 명산이다. 시인의 주로 화두로 잡는 산의 지명은 산악회 회장 직분을 맡으면서 전국 명산대첩(名山大捷)을 섭렵하듯 자연과 밀접한 인연이 있어 시적 화자 또한 순백하고 진솔한 픽션(Fiction)을 중심으로 창작하고 있는 서정성이 짙은 작품이라고 본다. 이는 픽션 콘텐츠가 상상력이나 창작을 바탕으로 만들어진 이야기나 작품임을 다시 한 번 확신과 사명감을 주는 신선한 언어의 긍정적인 면모라서 정감이 가고 교훈적인 측면에서도 독자들에게 많은 도움을 주는 시세계가 더없이 가치를 빛내주고 있다고 생각하는 바이다.
 종자산 북쪽 산자락 개야리마을과 아이를 낳지 못하던 슬픈 여인네의 전설적인 이야기도 겸비하여 한국 고유의 전통성을 음미해주는 종자산의 일화가 가슴 한쪽에 잔설처럼 남아있다.

삭막한 도시와 서정의 자연
넘나드는 남한강 카페
감성이 익어가는 유일한 터전

남한강 물줄기 탁 트인 전망
지친 일상의 무거운 짐 잠시 내려놓고
몸도 마음도 안식을 취하는 공간

달달한 아이스크림
바삭바삭한 비스킷
부드러운 라떼 한 잔의 여유
향기와 맛까지 일품이다

울긋불긋 오색찬란한 꽃들의 향연
오랜 추억의 한 장면으로 기억할 장소

함박웃음 기쁜 마음
슬픈 마음조차 나누는
유일한 쉼터

―「양평카페」전문

  손영채 시인의 주된 언어의 연금술은 자연과 명산 순수 서정을 바탕으로 서술한 점들이 혼탁한 마음까지도 정화(精華)시켜주는 묘한 끌림이 있다. 요즘 세대에서 흔히 접하는 카페 풍경과 달달한 라떼의 느낌까지도 시인은 스쳐지나가 않고 예리한 매의 눈으로 관철하는 점들이 탁월하여 해설을 쓰는 동안 사통팔달(四通八達)하여 여러 가지 참모습을 막힘없이 술술 풀어 가고 있다는 생각이 들고 성공한 명사들은 대부분 사통팔달의 경험을 넘어선 섰다고 생각하고 있다. 손영채 시인의 뛰어난 관찰력과 심미안(審美眼)은 대단한 실력가이면서 필력 또한 흠잡을 데 없이 탄탄한 정신세계를 구축해 놓은 풍류가인의 칭호가 합당하는 뜻이 가미가 된다.

삭막한 도시와 서정의 자연/ 넘나드는 남한강 카페/ 감성이 익어가는 유일한 터전/… 달콤한 아이스크림/ 바삭바삭한 비스킷/ 부드러운 라떼 한 잔의 여유/ 향기와 맛까지 일품이다/… 라고 낭만과 서정의 나래를 잔잔하게 펼치고 있어 지금, 이 순간도 라떼의 향과 달달함에 젖어 들어 취하는 기분을 독자들에게 담담하게 전달하고 있음이 좋다. 마지막 연에서 함박웃음 기쁜 마음/ 슬픈 마음까지/ 나누는/ 유일한 영혼의 쉼터/… 로 여운을 남기는 대목들도 매우 정감을 주고 화자들에게 상상력을 총동원하는 심리 전술을 조심스럽게 끌어당기고 있다.

　　무쇠 가마솥에 풍겨오는
　　순두부의 진미 경이롭다

　　몽글몽글 엉겨 붙어
　　친밀해진 콩국물은 걸쭉한
　　고향맛처럼 일품이다

가마솥 가득 안개를 연상하듯
뽀얀 김이 모락모락
하얀 콩국물 순두부 맛
고소하고 담백한 풍미에 반해버린다

국민 먹거리 순두부맛
식감 속에 전해오는 행복

어릴 적 어머니가 손수 빚어주시던
순두부 맛 사모의 정 그리워
중년의 가슴 뭉클 눈시울 적신다

―「기와집 순두부」전문

 토속적인 순수한 제목만큼이나 한국 고유의 음식 순두부를 언어의 요리사답게 일목요연하고 살뜰한 표현법이 눈길을 끄는 작품이다. 시인의 작품집에는 대부분 직접 접하면서 느낀 점을 작품으로 승화시킨 정감이 가고 따스한 감성이 무르익어 꽃샘추위조차 뛰어넘는 화법을 시인은 즉흥적이면서도 심오한 마음으로 기와집 순두부의 특징을 잘 묘사하고 있어 독자들로 하여금 식감을 돋우고 감칠맛 나는 침샘을 자극하는 마법의 성으로 초대하는 듯 착각할 정도의 작품이다. 북한강을 지나 드라이버 코스로 유명한 두물머리 산책길에서 누구나 한 번쯤 방문하고 싶은 마음에 구미가 당기는 시편이 벌써부터 식감에 반하고 유년기 추억의 설렘은 물론 구수한 어머니의 정까지 담아

주니 얼마나 건강한 작품인지 모른다.

  우리네 사람들은 끝없는 무한대의 기다림과 사무친 그리움 속에서 만나고 이별하는 인법을 체험하고 있다. 그 속에서 유일하게 도법자연(道法自然) "나는 길이요, 진리요, 생명이다", "도는 자연을 법으로 삼는다"라는 대목을 떠올리게 한다. 삶은 사람이 길을 가는 것이요 길의 목적은 법이고 진리임을 강조하는 것임을 시인의 시편 속에서 많이 감지되고 있다는 점들이 심도 있게 관철이 된다. 즉 진리는 무엇을 말하는 것인가? 삶이 진리인가, 말이 진리인가 진리는 말인가? 생명인가, 진리의 최종 목적지는 자연이며 자연이 아닌 것은 어디에도 존재하지 않음을 증명해 주고 있다는 뜻이 담겨있다. 풍류가인 손영채 시인의 시세계는 자연과 지극히 가까운 관점들이 주류를 이루고 있음을 증명해 준다. 경남 합천 황매산 아래 삼산골에서 태어난 초자연주의를 노래하고 있으며 그만의 생활상(生活相) 또한 굉장히 보수적이면서도 단정한 예법을 골고루 갖춘 시인이자 삼천리금수강산을 주 무대로 완주하는 마음가짐 또한 자연을 닮아가는 듯 신선하고 경이로움 그 자체가 아닐까 싶다.

  현대시는 누구나 쉽게 접근할 수는 있어도, 자신만의 팩트(Fact)있는 이론과 실제를 객관적이면서도 진실한 성품을 평정하게 그려내는 MZ세대의 뜻글만큼 현대적인 시인의 감각의 더듬이 또한 매우 세련되고, 노련하게 발달하여 있음도 역력히 드러나 있다. 내면 깊이 우려내는 큰 울림을 주는 시인의 반향(反響)이 더욱더 구미가 당긴다.

풍류가인 손영채 시인이 지금까지 공덕을 짓고 잘 살아온 세월은 훌륭한 가문에서 태어나 조상님들의 가훈의 일원인 인의예지신(仁義禮智信), 인(仁) 인간 애정과 자비로운 마음, 의(義) 정의와 공정한 태도, 예(禮) 예절과 예의 바른 행동, 지(智) 지혜와 지적 능력, 신(信)신뢰와 충실함을 바탕으로 유년 시절부터 반듯하고 강인한 정신을 구축하였다고 본다. 인의예지신은 삶의 다양한 관점에서 중요한 역할을 하고 있으며 도덕적 가치를 강조하면서도 사회적 상호작용과 관계 구성 또한 학문적 발전까지 시인이 살아온 발자취가 현재에 이르기까지 많은 버팀목이 되었을 것이며 나아가서는 행복 추구와 성장궤도를 달려가는 시인의 목표설정에 많은 영향을 끼치지 않았나 할 정도로 유교적인 사상은 매우 인상이 깊었다.

제2시집 제목인 『우리집 가자』는 현실이 가장 적절하게 접목이 된 작품이라 생각한다. 또한 화자의 부친께서 요양병원에 기거하는 동안 직접 체험한 사실을 시로 풀어낸 가슴 깊이 사무치는 어버이 사랑에 대한 가슴 절절한 사연이 더욱더 눈길을 끌었으며 『우리집 가자』에서 얼마나 집으로 돌아가고 싶었는가 하는 생각을 하니 콧등이 얼얼하고 시큰거린다. 이 작품으로 문학세계문학상 본상 수상까지 받았기 때문에 더욱더 애착이 가는 작품이 아닐까 한다.

손영채 시인의 제2시집을 둘러보면 제1부 백 리 벚꽃길 아래, 제2부 꽃피고 지던 그 날, 제3부 우리네 인생길, 제4부 영혼의 나래 펴고, 제5부 수선화 꽃보다 그대 등 총 137페이지이다. 각부마다 제각기 색다른 빛깔로 구성된 시세계는 좀 더 숙성된 언어의 연금술이 시인의 바다에서 깊고 수려한 느낌마저 들고 있다.

풍류가인 손영채 시인의 시편 속으로 푹 젖어보는 신록의 계절 4월은 어느 때보다 심도 있고 사색의 창(窓)을 열기에는 안성맞춤이라는 생각이 들 정도로 인상이 깊고 작품 또한 자연풍광처럼 진솔하고 담담하게 써 내려간 필묵 같아서 선비정신의 발자취가 예사롭지 않다는 생각이 든다.

  사랑하는 가족이 곁에 있고
  죽마고우 함께하며
  기름진 옥토에 대자연을 노래하고
  육신이 쉬어가는 곳에 머물고 있음에

  나는 행복하였소

  내사
  세상에서 가장 행복하고
  선택 받은 사람이라오

    ―「행복이란」 전문

수신제가 치국평천하(修身濟家 治國平天下) 몸과 마음을 갈고 닦아 수양한 다음 집안을 잘 다스린 후에, 나라를 잘 다스리고 온 세상을 평안하게 한다는 것이 글의 근원이다. 이 글은 사서삼경 가운데 하나인 대학의 8조목 중에 나오는 대목이다. 손영채 시인의 "행복이란" 시의 화자 또한 이 글에 합당한 뜻을 내포하고 있어 요즘 보기 드문 선비정신과 반듯한 삶의 가치관이 확고하면서도 뚜렷한 가족애(家族愛)가 작품으로 잘 전달이 되고 있다. 사랑하는 가족이 곁에 있고/ 죽마고우 함께하며/ 기름진 옥토에 대자연을 노래하고/ 육신이 쉬어가는 곳에 머물고 있음에/ 나는 행복하였소/ 내사/ 세상에서 가장 행복하고/ 선택 받은 사람이라오 아무런 설명이 필요 없어도 가슴에 와닿은 글이라 다시 한 번 재조명해 본다. 손영채 시인은 지금까지 탄탄하게 잘 살아왔다고 자부하고 싶다. 제1시집에서도 서술했듯이 가정은 행복의 근원이라 생각하는 정신자세가 MZ세대에게도 큰 교훈으로 남을 것으로 생각하니 든든하고 좋다.

　　훈훈한 순풍 불어와 백년하늘 툇마루에 앉아
　　세속의 무거운 짐 내려놓고 보니

　　솔개 무리떼 낮은 자세
　　관악산 정상을 넘나들고
　　바람같이 홀연히 사라져간다

저 멀리 바라보이는
거리의 등불과 찬란한 네온사인
하나둘 불빛 밝혀지는 저녁

산사의 풍경소리 염불 뒤로한 채
터벅터벅 되돌아오던 길

하늘새 한 마리
연주암 불경처럼
그 곡조 아름답다

―「관악산 연주암」 전문

　관악산 연주암은 과천시에 있는 연주봉으로 남북국 시대 통일 신라의 승려 의상이 창건한 암자, 시도 기념물로서 한국 기도 도량으로 저명한 암자로 알려져 있다. 시인은 전국 명산과 백두대간 등을 산행하면서 몸과 마음을 수련하여 도심(道心)이 깊고 수려한 심상이 살아감에 있어 더욱더 덕행을 쌓고 있는지도 모른다. 관악산 연주암의 툇마루에서 부처님의 가피와 중생을 살피다가 산 숲이 깊고 청정지역인 이곳에 귀의하여 677년 의상대사가 창건해 국내 유명 나한 기도 도량인 세종의 형 효령 영정도 모신 곳이다. 훈훈한 순풍 불어와 백 년 하늘 툇마루에 앉아/ 세속의 무거운 짐 내려놓고 보니/ 솔개 무리떼 낮은 자세/ 관악산 정상을 넘나들고 /바람같이 홀연히 사라져 간다. 시 한 편의 발자취가 연주봉을 다시 상기시키는 계기가 되었던 시인의 사려 깊은 안목이 매우 인상이 깊은 작품이다.

> 아들아 딸아 우리집 가자
> 눅눅한 병원 답답하고 숨 막힌다
>
> 눈 녹아 비가 되어버리고
> 버들강아지 입춘 사연 지났건만
> 봄이 오면 시골집 돌보러 가자
>
> 봄바람 불고
> 꽃봉오리 새싹이 톡톡
> 꽃대 사이 피어나는데
>
> 봄, 봄, 봄
> 울 아버지 건강은 호전되지 않네
>
> 병색이 짙어가는 가여운 울 아버지 기다리는
> 백 리 벚꽃길 금성산 아래
> 한평생 쓸고 닦고 가꾸어 온 집
> 어서 오라 손짓한다.
>
> 꽃비 맞으며 하늘나라 가신 그 날
> 하늘도 땅도 울었소
>
> ―「우리집 가자」 전문

이 시집의 주제인「우리집 가자」시편을 읽고 잠시 동안 먹먹한 가슴을 쓸어내리던 작품이다. 이 시 한 편이 전해주는 아픈 현실 앞에서 손영채 시인의 마음자리는 얼마나 사무친 가슴을 부여잡고 속울음 삼켰을까 생각을 유추해 보게 하는 사모곡이라 하겠다. 그 어떤 설명이 필요할까? 자연풍광이 수려한 고향집을 두고 눅눅한 병실에서 갑갑한 심경을 토로하는 아버지를 대면하고 기막힌 말 한마디, 아들아 딸아 "우리집 가자" 그 어떤 수식어도 이 한마디에 자식들은 가슴이 녹아내리지 않았을까 하는 생각이 우리 모두의 현실이 아닐까 한다. 얼마나 슬프고 가슴 아픈 일인가 말이다.
　인생지사 새옹지마(人生之事 塞翁之馬)라 살아오면서 가장 많이 접하던 문구가 아니던가 인생의 화복, 즉 "행복과 불행은 변수가 많으므로 예측하거나 단정하기 어렵다"라는 뜻이며 즉 행복과 불행이 어떻게 나올지 알 수가 없더라는 뜻글이며 사람이 한세상 살아가면서 길흉화복은 변화가 수없이 번복되며 좋지 않은 일이 있으면 좋은 일도 있고 좋은 일이 있으면 좋지 않은 일도 따른다는 뜻글이므로 너무 슬퍼하지도 너무 좋아하지도 말라는 뜻이다. 화자의 시편 속에서 삶의 편린(片鱗)은 극히 일부이지만 세세하고 예리한 언어의 연금술은 굉장히 섬세하고 사랑이 깊은 가족애(家族愛)가 남다르게 느껴지는 글이라고 본다.
　아들아 딸아 우리집 가자/ 눅눅한 병원 답답하고 숨 막힌다/ 눈 녹아 비가 되어버리고 버들강아지 입춘 사연 지났건만/ 봄이 오면 시골집 돌보러 가자/ 병색이 짙어가는 가여운 울 아버지 기다리는/ 백 리 벚꽃길 금성산 아래 / 한평생 쓸고 닦고 가꾸어 온 집/ 어서 오라 손짓한다./ 꽃비 맞으며 하늘나라 가신 그날/ 하늘도 땅도 울었소: 우리집 가자. 작품은 숨을 쉬지 않고 단숨에 써 내려간 사부곡이기에 더욱더 간절한 시적 울림의 곡조가 에인 가슴 파고든 작품이며 이 작가상 본상을 받은 수작(秀作), 시인의 대표작이기도 하다.

>관동팔경 제 1경 큰 누각
>오십천 흐르는 귀암 절벽 위 죽서루
>자연석 세워진 독특한 성터
>자연석 우뚝 솟아올라 위엄이 있다
>
>아침 햇살 황금빛 물드는 풍경
>자연과 조화 절창이로다
>
>옛 시인 묵객들과 풍류를 즐겼던 곳
>신선이 따로 없다
>
>정상을 올라 산굽어 내려다보니
>오십천 푸른 물결 만추의 가을
>취하고 또 취하네
>
>풍류가객 도반으로 삼아
>가부좌 틀고 눈 감고 명상에 잠겨보는
>죽서루의 아침
>
>―「죽서루」 전문

관동에서 제일가는 죽서루/ 누각 아래 푸른 물 도도히 흐른다/ 오랜 세월 돌과 물이 어우러진 경치/ 천고의 문장으로 다 표현할 수 없도다. ―차죽서루판상운―서(書)의 한시가 떠오를 만큼 죽서루를 다녀와서 소회를 시편으로 쓴 작품이 기개와 인상이 깊은 관동팔경의 서기(瑞氣)가 온몸을 에워싸는 좋은 작품이다. 풍류가인 손영채 시인의 삶 또한 죽서루 비경과 다를 바 없는 수려한 선비정신과 시인 정신이 조화롭게 이루어진 출중한 결정체가 아닌가 싶다. 그의 작품집 대부분이 자연풍광과 순수 생활상 체험과 단상(斷想) 속에서 묵상과 기도의 수련 과정이 고스란히 담겨있어 해설하는 동안 몇 번이고 감동의 물결이 구구절절 차오르는 것을 감지할 정도로 그의 시의 세계는 사랑 타령조가 아닌 이 시대를 재조명하는 자연의 울림을 지상에 고(告) 하는 신문고(申聞鼓) 같은 솔직담백한 시의 자화상이 아닐까 하는 생각이 든다.

3. 진솔하고 담담한 내적화자(內的話者)의 향기로운 서정미학(抒情美學)

과묵하면서도 서정적인 시의 흐름은 시인이 지금까지 살아온 인생 여정에 많은 자양분이 되고 있다는 것을 시편마다 독자들이 느낄 수 있는 진솔한 화자의 마음이 잘 표현되어 있어 기교와 언어미학을 굳이 사용하지 않아도 충분히 이해하기 쉽고 가락이 있는 작품들이 주류를 이루고 있어 편한 마음으로 공감대를 이루는 솔직담백한 시편

들이 더욱더 애정이 깊은 까닭이다. 이 작품 속에는 깊이
와 넓이 인생사에 있어 경험하고 체험하는 내용들이 담겨
있는 걸 보면, 그가 속 편한 사이다 맛 같은 시원하고 칼
칼한 맛과 멋의 진수(眞修)를 잘 표현하는 훌륭한 시인이
아닌가 싶다.

  시인의 시편은 제5부로 나뉘어져 있으며, 110편수에 가
까운 단시와 장시로 엮게 된다. 타령조의 신파조가 아니
라 한 수 두 수 모두 진심이 담긴 작품들이라 흥미진진하
고 이채롭다.

    홀로와 더불어 살아갈 수 없는 세상
    낮은 자세로 진정한 삶 가치
    찾기 위해 오늘도 정처 없이 걷는다

    내 안의 보행, 생각의 리듬
    실천의 겸손, 자연과 대화로 걸어가는 길

    사색과 영감 미래의 내 모습 그려보니
    숙연해지는 이내 마음 도심에 젖는다

    참진리 찾아 배움과 사람 사이
    평화롭게 꽃 피우려 오늘도
    정처 없이 걸어가는 인생길

        ―「오늘도 걷는다」 전문

무념무상(無念無想)의 시편이라 할 만큼 자아실현의 길을 묵묵히 걸어가는 나그네의 마음을 토로한 작품이다. 인생은 어차피 혼자서 수행하는 외롭고 고독한 길이 아닌가 싶다. 홀로 와 더불어 살아갈 수 없는 세상/ 낮은 자세로 진정한 삶 가치/ 찾기 위해 오늘도 정처 없이 걷는다/ 참 진리 찾아 배움과 사람 사이/ 평화롭게 꽃 피우려 오늘도/ 정처 없이 걸어가는 인생길…. 어찌 보면 회자정리(會者定離) 속에서 하루하루 유유히 걸어가는 묵상의 길이 아니던가 시인이 사유하는 내면세계는 명상과 수련을 통하여 이미 득도(得道)의 이치까지 도달하지 않았나 할 정도로 폭이 넓고 진지하다. 대인관계에서도 노련하고 지혜로운 면모들이 출중하여 어느 곳 하나 흠잡을 데 없이 잘 살아온 터라 시편들에서도 걸림이 없이 탄탄대로를 달리고 있다.

　　　개평 한옥마을의 유래 경남기념물 제268호 지정
　　　예로부터 좌 '안동' 우 '함양'이라 일컫는 마을
　　　역사가 흐르는 선비고장
　　　전통이 살아 숨 쉬는 전당
　　　행복이 넘치는 마을
　　　눈에 담아본다

　　　많은 유학자 배출한 선비마을
　　　고즈넉한 고택 정겨움 가득한 돌담길
　　　단아하고 기품 있는 아름다운 정원
　　　한국의 명소 개평 한옥마을은 문화유산 영토에서
　　　선비처럼 산책해 본다

작은 언덕길 일두의 산책로
늘 푸른 대나무숲
운치 있는 자연 풍광
세월의 흔적 물씬 풍기는 소나무숲
향긋한 솔내음 코끝에 스며든다

고풍스런 마을 한옥의 정취
마음 깃든 곳 한옥의 미학
깔끔하고 고색창연한 한옥지붕
물매가 사뿐히 들린 파도의 향연을 볼 수 있는 곳
고풍스러움이 깃들인 마을
눈과 가슴속에 스며들어 좌안동 우함양의 기운으로
편안함이 가득하다

누구나 가볍게 탐방하고 옛스러운 고택에서
무거운 짐 내려놓고 조용한 휴식
하룻밤 지내고 싶은 곳
사람과 자연 그리고 선조들의 발자취
많은 영감과 위안을 주는 고택 한옥마을
마음 따라 길 따라
자연이 살아 숨 쉬는 고장 일품일세

―「선비의 고장 개평 한옥마을」 전문

  이 한 편의 시를 몇 번이고 탐색해 보면 금방 경남 함양의 개평 한옥마을의 정취는 한눈에 들여다볼 수가 있다. 예로부터 함양은 선비와 문인의 고장으로 정평이 나 있는 고장이며 그 대표적인 인물이 일두정여창이다. 개평 한옥마을은 530년 전통 가양주인 지리산 솔송주가 유명하다고 알려진 고을이라 많은 분이 관람하여 옛 선비들의 독경소리가 낭랑하게 들리는 듯 인기가 절창인 곳이라 하겠다. 하여 시인의 시편 속에서도 시원하게 서술되어 있어 한옥마을 답사 가는 길에는 꼭 한번 탐독하면 도움이 많이 될 것이라는 생각이 든다. 손영채 시인의 시의 길을 동행하다 보면 여행지에서 만나는 순례자 같기도 하며 길을 안내하는 숲 해설사 같으며 또한 전국팔경과 명산대첩의 인지도가 높은 까닭에 어느 한 곳도 막힘없이 술술 풀어가는 점들이 신선(神仙)의 도량(度量)에 당도했음을 감지한다.

긴 터널 지나 단꿈을 꾸는 날
사랑의 안부 구름처럼 몰려들고
시절 좋은 하루를 시작한다

힘들고 어려울 때 함께하던 친구
소중하고 진정한 보석 같은 우정이다

한 생각 비우고 내려놓으니
평상심 가득한 이내심사
인내하면 큰 뜻 이루어진다

초고로 인생 여차여차 살아오면서
행복 가득 웃음꽃 활짝 피우니
천국이 따로 없는

나는야 지상에서
가장 행복한 사람이어라

— 「나는 행복한 사람」 전문

　참으로 유익하고 부요(富饒)한 글이다. 종종 작품집 해설을 쓰다 보면 진종일 기분이 우울하고 슬픈 마음이 오래도록 젖어 들 때가 있고 기분이 밝고 맑은 작품집을 만나서 속살을 해부하다 보면 진종일 행복이 절로 넘치는 긍정적인 정신으로 충전이 되는 것이 바로 풍류가인 손영채 시인의 작품집이 아닌가 싶다. 어느 것 하나 막힘이 없고 고독하거나 암울한 사연 하나 없이 투명한 거울처럼 청정한 정안수(淨眼水)를 만나듯 절로 기운이 솟아난다. 그만큼 시인의 정신세계가 건강하고 탄탄하다는 뜻이며 지금까지 흠잡을 데 없이 출중한 덕장(德璋)의 역할을 잘 하고 있다는 뜻이다. 긴 터널 지나 단꿈을 꾸는 날/ 사랑의 안부 구름처럼 몰려들고/ 시절 좋은 하루를 시작한다/ 한 생각 비우고 내려놓으니/ 평상심 가득한 이내심사

　인내하면 큰 뜻 이루어진다/ 초고로 인생 여차여차 살아오면서/ 행복 가득 웃음꽃 활짝 피우니/ 천국이 따로 없는/ 나는야 지상에서 / 가장 행복한 사람이어라….

　그렇다 천국이 따로 없다는 시인의 행복 나라에서 권주가를 부르고 싶은 시 한 수의 힘이 느껴지는 만사형통(萬事亨通)의 시편이라 굳이 다른 설명이 필요 없다고 본다.

천고마비의 계절 붉은 단풍길 걸으며
　　낙엽 밟는 소리 귀 열어두고 산길 오른다

　　풍요의 계절 앞세우고
　　홍류동 계곡 유혹하는 가을이여

　　물 맑고 정다운 계곡마다
　　생태계 보금자리 산길 아래
　　가야산 폭포수 자연도 흥겨워 노래하네

　　내가 살던 고향은 꿈속의 사랑마저
　　어머니 품속 같은 가야산 소리길 다시 그립다

　　먼 하늘 보며 불러보는 어머니
　　목젖 아리도록 소리쳐본다

　　기암괴석 절벽 폭포를 지나
　　울긋불긋 단풍 장관이로구나

　　　　　　―「가야산 소리길」 전문

　가야산은 시인의 고향이며 대장경 테마파크에서 해인사 영산교까지 구간으로 홍류동 옛길을 복원하고 다듬어 완만하게 산책할 수 있는 저지대 수평 산책로가 아닐까 하는 생각이 들 만큼 시의 흐름도 장관이며 소리길의 백미라 할 수 있는 시인의 시편에서 자연의 소리에 귀 열어보면 명상에 깊이 잦아드는 수려한 풍광이 사랑을 받는 곳이라 더욱 생경하게 다가온다. 손영채 시인의 고향 사랑은 누구보다 지극정성이며 어버이에 대한 사랑과 같이 떼놓을 수 없는 가야산의 정취도 고향과 접목된 것이라 화자에게는 의미가 깊고 풍경 하나 예사롭지 않게 느껴지는 것이 지고지순한 애향심(愛鄕心)이라 생각한다.

    달달한 솜사탕 같은 뭉게구름
    북한강 물줄기 따라 두물머리 끝

    천상의 물길 산책로
    황금빛 물감으로 뿌려놓은 꽃무늬

    코스모스 들꽃 어서 오라 손짓한다
    황화꽃 흐드러지게 피어있는 물의 정원

    끝없이 펼쳐지는 화사한 풍경
    자연의 조화 경이롭고
    중년의 닫힌 마음 열어주고 있다

    마른 영혼까지 푹 빠져드는
    낭만의 산책로
    그대와 오래도록 머무르고 싶다

        —「물의 정원」 전문

시인의 시의 길을 산책하다 보면 아주 좋은 절경과 여행지 풍광 좋은 산천으로 혹은 명승지로 옛 정취를 찾아

답습하는 마음으로 여행길을 동행하는 듯 몸도 마음도 수행하는 자세로 거슬러 가는 듯 의미가 깊다. 이번 시의 주제는 남양주시에 자리 잡는 물의 정원을 둘러본다. 경기도 남양주시에 자리하고 있는 수변 생태 공원을 조성, 낭만과 감성이 무르익어가는 힐링 코스임에는 틀림이 없다. 서울 경기의 근교에서 한 번쯤 부담 없이 나들이 떠나고 싶은 곳이 아닌가 한다. 넓은 잔디밭과 다양한 수목들, 사시사철 아름다운 북한강 풍경이 방문하는 자들에게 큰 기쁨과 행복을 선물해 주는 장소이다. 독자들에게 기쁨과 낭만적인 정서를 제공해 주고 실의에 젖어 있는 자들에게 꿈과 이상을 심어주는 시인의 따스하고 풍요로운 시인 정신의 함양은 정평이 나 있을 정도로 기개(氣槪)가 갖추어 있을 정도로 흠잡을 데 없이 넉넉하여서 좋다.

    창문 틈 스며드는 아침햇살
    행복이 머무는 뜨락
    향나무 내음 호젓한 일상으로 들어간다

    새들의 합창소리
    초록빛 여울목마다 꽃망울 터트리는
    아름다운 꿈의 정원

    허굴산 산등선 진푸른색
    뒤덮을 때 뜰엔 붉은 석류알 옥구슬처럼
    주렁주렁 자연의 신비 경이롭다

계절마다 뜰에는 숲이 변하고
　　앞마당 가문 지키는 수려한 향나무
　　내 인생의 황금기도 변함없이
　　무럭무럭 자랐으면 참 좋겠다

　　　　　―「우리집 뜰」 전문

　평화롭고 아늑한 시인의 정원이 눈에 생경하게 펼쳐지는 시편이다. 싱그럽고 고즈넉한 일상이 한 폭의 수채화처럼 뜨락을 점령하고 있지 않은가! 영혼과 육신이 행복하고 안정된 삶을 살아가는 모습이 한 편의 시심에 우려내는 시인의 참삶의 풍경에 차 한 잔의 여유가 엿보인다. 아무리 화려하고 절경 좋은 집이라도 웃음꽃 피는 가족이 존재하지 않았다면 이런 상큼하고 아름다운 시가 탄생할 수가 없다. 무릉도원(武陵桃源)이 부러울까? 하는 마음이 들 정도로 꽃피고 새 노래하는 시인의 고향집 뜰에는 천 가지 행복이 깃들고 있다는 뜻이다.

　대부분 시인의 언어는 고독과 슬픔 애환 아픔, 눈물 그리움, 사랑과 이별 삶의 질곡이 쓰라리고 번뇌의 질곡이 대부분인데도 그의 시편에는 힘들고 먹먹한 일상으로 멍들고 상처 난 자욱하나 없이 건강하고 안정된 생활을 영위하여온 모습들이 시편을 통하여 말해주고 있다. 삼강오륜(三綱五倫) 즉 유교의 도덕적 관념과 기본이 되는 덕목인 삼강(三綱)과 오륜(五倫)이며 삼강에는 군위신강, 부위자강, 부위부강, 있으며 각각 임금과 신하, 아버지와 아들, 남편과 아내 사이에서 지켜야 할 덕목을 정한 강령이다. 오륜에는 군신유의, 부자유친, 부부유별, 장유유서, 붕우유신이 있다. 이 모든 덕목을 가장 잘 지켜오고 있으며 실천에 옮기며 지금까지 당당하게 살아온 손영채 시인의 진면목(眞面目)이 자랑스럽고 만인에게 사랑 받을 만한 자격을 골고루 갖춘 인재임에는 틀림이 없다고 본다.

> 산림이 무성한 깊은 황매산 계곡
> 짙 뿌연 안갯길 열리네
>
> 산허리에 올라오니 청설모
> 외로운 산새가 반가운지 여지없이 울어주네
>
> 이름 모를 새가 외로운지 반가운지
> 임 그리워 울어 주는가
> 자식들 기다리는 애달픈 노랫소리인가?
>
> 새소리 우렁차 장단 맞추어 뚜벅뚜벅
> 내 인생도 뚜벅이가 되어 열어갔으면
> 참 좋겠네
>
> ―「새벽길」 전문

새벽 산책로에서 만났던 황매산 계곡의 풍경을 담담하게 서술한 시편이다. 시인의 고향은 영혼의 쉼터인 것 같다. 제1시집 『황매산 연가』에서도 얼마나 고향마을을 그리워하고 애모하는지, 어버이 섬기는 효심과 가족애가 남다른 시인이라고 각인된 바 있었지만 이렇게 새벽길을 걸어가면서 황매산을 찾는 시인의 유유자적(悠悠自適)한 모습은 풍류가인(風流歌人)의 득도한 내공의 힘이라고 명명하고 싶다. 이렇게까지 자연을 사랑하고 생활 속에서 접하는 자아 성찰의 고고한 자세는 하루아침에 이루어진 결과가 아니라고 본다. 자연시에 가까울 정도로 시집에서 주류를 이루고 있음은 그의 마음 또한 때가 묻지 않고 있음이 역력히 드러나 있다.

> 광릉수목원 청정지역 당도하여
> 공덕의 길 봉선사 기도길
> 수목원 가로수길 들어섰다
>
> 자연이 숨 쉬는 수목 향기 코끝에 머물면
> 가슴이 두근두근
> 청사초롱 만개한 연꽃 반갑게 맞이한다
>
> 초록 연잎에 피어있는 기품
> 순백의 연화 미소
> 우아한 자태 관세음보살 합장
> 내 마음 넋을 빼앗기다
>
> 부처님 자비와 광명의 빛
> 언제나 평화롭고 숙연해지는
> 불법의 향기
>
> ―「연꽃 미소」 전문

손영채 시인의 종교는 시를 통하여 유추해 보면 불심(佛心)이 대단하다고 생각한다. 명승지 순례지에서도 암자와 절터 부처님의 자비와 불법사상(佛法思想)이 심도 있게 나타나 있다. 공덕을 쌓아가는 일도 종교의 힘과 에너지가 부합되어 있음이다. 그만큼 그의 생활상은 도덕적이면서도 반듯한 사명감으로 불법의 향기가 작품 속에서도 고스란히 배어있고 연꽃 미소에서도 봉선사 가는 길목에서 기품 있는 연화 미소의 모습이 관세음보살의 우아한 자태로 보일 만큼 시인 종교의 관점이 연연마다 숙연하고 겸허하다.

적막하고 어두운
밤하늘 바라보니

지나간 세월 발자취 따라
아쉬웠던 추억의 세레나데
번민과 망상 속 후회로 가슴 아프다

초승달 사연이 밤하늘 빛내고
반짝이는 작은 별들의 무리
세상만사 태평천국이다

창창하게 솟아오르는
아침햇살 서광이 우주 안에 가득하여
새 희망 새 마음 벅차도록 담아본다

—「희망 2」전문

희망이라는 어휘만 접해도 기분이 덩달아 좋아짐을 느껴지는 시편이다. 매사 모든 일에 긍정적이고 건강한 사고관점(思考觀點)이 독자들이 소생하는 기쁨을 동시에 건네주는 점들이 시인에게 더없이 훈훈한 감성 전달에 불씨를 지펴주고 있음이 돋보이는 시의 흐름이라 탐독하면서 감상하는 동안 자신도 모르는 사이에 행복세상으로 충전된다는 것을 직감할 수 있다. 희망은 누구나 염원하는 것이지만 누구에게나 찾아오는 신의 선물이 아니기에 하루하루 충실하게 자신의 직분을 잘 지키며 살아가는 것임을 확신시켜 준다. 우리 모두에게 희망이라는 씨앗을 심어주는 시인에게 큰 박수와 경의를 표하고 싶다.

4. 시인의 길은 끝없는 성찰(省察)의 순례자(巡禮者)

풍류가인 손영채 시인의 시의 세계는 지금까지 인생 여정을 순회하면서 풍광 좋은 절경을 만나고 삼천리 방방곡곡마다 심취된 문학은 인간이 살아가는 데 있어 필수적인 청량제라 하고 있다. 시를 쓰는 마음은 어둠 속에서도 빛을 발하고 절망 속에서도 구원의 손길이 되어주고 있다. 문학인의 길에는 열정과 시련 속에서 응고된 정제된 정원에 피는 꽃이기도 하고 삭풍이 일고 한파가 살을 에는 추위가 닥쳐와도 꿈과 희망을 심어주고 사랑의 기도를 통하여 절망에서 이끌어주는 천사의 마음이며 부정과 부패 속에서 물들지 않고 아침이슬 같은 청렴함으로 피폐하고 힘든 세상에서 보석같이 빛나는 언어로 만인들에게 인생의 길라잡이가 되어주는 정신적 투혼을 불사르는 문학의 힘이 바로 손영채 시인이 인도하는 시인의 소신 있는 정체성(Identity)을 일깨워주는 필력의 강인한 구심점이라 생각한다.

시인의 사상철학(思想哲學)은 근접할 수 없는 경지에 도달한 달관의 심상이 지금까지 살아온 삶의 전반적인 발자취에서 역력히 나타나 있음을 말해주고 있다. 그만큼 시를 사랑하고 365일 문학도의 길에 일념을 버리지 않음이 화자에게는 큰 위로가 되고 삶의 버팀목이 되지 않았을까? 앞으로 꾸준히 작품 활동에 지금처럼 정진하여 열정 꽃을 피운다면 반드시 독자들에게는 물론, 이 시대에게 주목받는 문인으로 탄생한다는 것을 암시해 주고자 한다.

> 새천년 역사의 부활 웅비한 서라벌 땅 경주
> 10월의 마지막 끝자리에 서면
> 동궁과 월지 화려한 황금 야성
> 불국사 토함산 굽이돌아 심안에 담는다
>
> 현란한 불빛 속
> 노래하고 춤추는 가수들 무희보다 황홀하여
> 무아지경에 빠져들고 보니
> 주막집 파전에 동동주 한 사발도 신선주와 같구나
>
> 달빛에 취하고 서라벌 운치에 젖어 드니
> 내 마음 두고두고 주체할 수 없음에
> 이것이 바로 별천지로구나
>
> ―「동궁과 월지」 전문

이 시를 보면 서라벌 경주의 새 천 년 역사가 눈앞에 서
연 하게 병풍처럼 펼쳐지고 있다. 한 시대를 풍미하였던
경주 황산벌, 천년의 일화는 시대적인 조명과 전설적인
설화(說話)를 정녕 잊을 수 없음을 알게 될 것이다. 동궁
과 월지라는 이름의 인공호수인데 사실 궁궐의 이미지보
다는 과거 통칭이었던 '안압지'라는 월지 호수와 누각으로
서 훨씬 잘 알려진 장소이다. 손영채 시인의 팔도강산 문
화탐방 시의 여행지에서 이번에는 경주 동궁과 월지에서
언어의 맥락을 연결시켜 보자. 서라벌 정취에 취하고 시
심에 젖고 젖어 드니 어찌 시 한 수 읊어보지 않으리 하는
심경이 마지막 연에서 내 마음 두고두고 주체할 수 없음
에/ 이곳이 별천지로구나

    초록빛 넘실대는 오월 청보리밭
    끝없이 펼쳐지는
    파릇파릇한 몸짓
    사춘기 들뜬 가슴
    심쿵심쿵

    빗줄기에 살랑살랑 봄 강물 출렁이고
    미로 같은 테마
    풍경길 따라
    끝없이 돌아가는 바람개비
    하늘가에 아롱진다

님 그리며
사뿐이 즈려 걷는 길
가슴 터지도록
그 사랑 품고
돌고 돌아가는
청보리밭 판타지

새싹보리 탱글탱글
노랗게 익어가는 시절 좋은 계절

두고 온 발자취 따라
다시 찾아오련다

―「고창 청보리밭 2」 전문

  고창 청보리밭으로 오월을 수 놓아가는 시인의 시편에서 신록이 무르익어 감이 절로 나타난다. 초록 물결 넘실거리는 청보리밭 축제는 환상의 풍광이 무르익어가는 봄날의 향연이 방문객들에게 환희의 기쁨을 맛보게 하는 지상의 낙원이 따로 없을 것 같다. 넓고 장엄한 초록빛 세상은 오선지에서 음표들이 춤을 추는 듯한 환상적인 경험과 다채로운 프로그램으로 한층 더 고조시키는 낭만 행렬이 고창의 하이라이트로 선보이게 된다.

  고창은 서정주 시인의 미당 시문학관이 있으며 손영채 시인의 시심 속에 자연의 향기가 시를 통하여 물씬 젖어

들고 있다. 자고로 언어의 절창이란, 화자의 작품을 통하여 상상하는 것보다 더 사실적인 시의 세계로 인도하는 것이 얼마나 멋진 일이며 행복한 일인가는 독자들의 마음에 맡겨도 된다. 시를 쓴다는 것은 자신의 마음을 밖으로 표출하면서 내면의 세계를 풍부한 언어로 대변하는 것을 말한다. 시은 무언(無言)과 묵언(默言)의 행위에서 출발하는 것이며 정신적이고 은유적인 동시에 사상적(思想的)인 접목에서 시발점이 된다. 시인이라 명명함은 화자의 그 자체뿐만, 아니라 만물의 영장이라는 모든 전체적인 태동에서 시대적인 모든 것을 대변해 주는 위대한 산실이다.

마지막을 장식하는 시인의 가족 시편은 남다른 부부애(夫婦愛)가 8편의 작품을 통하여 잘 표현하고 있다. 굳이 사랑한다는 말 천만번보다 한 편의 시로 전달된 진솔하고 아름다운 화법이 더욱더 의미심장하고 화자에 대한 마음이 깊은 심연의 골짜기로 인도하지 않을까 하는 생각이 들 만큼 손영채 시인의 가족 중심의 사랑법은 보수적이면서도 빛나는 한 울타리의 꿋꿋한 뿌리가 폭풍우 속에서도 흔들리지 않는 방파제 역할을 하고 있다는 시적화자의 내포된 함축성이 독자들로 하여금 달달한 보금자리로 충만한 행복이 가득한 집, 힐링 충전소가 될 것이다.

사랑하는 당신
함께 동행한 세월
잠시 쉬었다가 걸어요

비우고 내려놓으면
꽃향기 불어온다오

남겨진 세월
그대와 새로운 길
우리 꽃길 걸어요

―「꽃길」 전문

 현대시는 독자들에게 논리적(論理的)이면서도 시각적(視覺的)인 관철력(觀徹力)을 이입시키면서도 난해하고 풍자적이고, 독창성(獨創性)보다는 사상이 투입되고 고집스러우면서도 투박한 시어를 탄생시키는 독설(毒舌)가들도 많이 출현되는 시점이라고 생각한다. 읽기에 편하고 수월하게 흡수되는 내용보다 시의 범주를 넘어선 이해하기 힘든 용어로 독자들에게 혼란을 주는 경우도 있다고 본다. 시인은 자고로 어떤 형식을 강구해도 내용의 전달(Communication)이 되지 않는 작품은 문제가 있지 않을까 한다. 그만큼 읽혀지는 작품, 받아들이는 입장에서도 의문점이 없을 정도로 쉽게 이해가 되는 시의 흐름을 간과하는 일도 중요한 일이다.
 「꽃길」은 간결하면서도 단아한 시의 형태가 부부애가 철철 넘치는 지고지순한 가족 사랑이 넘친다. 마지막 연에서 "남겨진 세월/ 그대와 새로운 길/ 우리 꽃길 걸어요…. 얼마나 아름답고 조신하며 꿀이 떨어지는 애정표현인가를 독자들도 깨닫고 있을 것이다.

긴 세월 함께한 내게 소중한 사람
내가 당신을 사랑하는 마음

크게 모자라지만 당신에게 주는 큰 선물
수선화 노오란 빛깔이 아무리 곱고 아름답다 한들
당신의 마음심에 비할까요!

신선한 노란 꽃향기 그윽한
당신의 기나긴 세월 함께한 남은 세월
꽃향기 피워요

수선화보다 더 곱고 아름다운 당신
남은 인생 행복하게
아름다운 꽃향기 피워 채워주리

―「수선화 꽃보다 그대」전문

  얼마나 화사하고 고운 표현인가를 실감케 하는 시편이다. 수선화 꽃말처럼 신비롭고 자존심 강하며 고결하고 우아한 자태를 자랑하는 시인의 그대를 자칭하는 대목이 신선하고 따스하다. 한국인 정서는 거의 부인을 집사람이라 하여 언어의 뜻도 대충대충 부르는 것이 특징이라고 보는데 손영채 시인은 수선화, 더욱더, 아름다운 그대여 하고 자칭할 만큼 애칭도 후끈후끈 달아오르니 참으로 보기가 좋다. 백 세 인생을 살아가면서 이렇게 금실이 좋은 부부로 살아가며 후회 없이 백년해로한다면 대한민국

국민 대부분 본받아야 하는 것이 아닐까. 한 가정을 원만하게 꾸리고 살아가는 일 쉽고도 어려운 일이지만 시인의 화목한 가족사랑은 사시사철 꽃피는 봄날이라는 것을 인증해 주는 듯하다.

   파란 하늘 속 흰 구름
   뭉게뭉게 두둥실 피어나네

   꼬불꼬불 꽃밭길
   우린 길을 걸었네

   빨간 우산 노란 양산 아래
   당신의 뽀얀 얼굴 꽃물 들었네

   연지곤지 찍은 수줍은 새색시처럼 어여쁜 얼굴
   멋스럽게 물들어가네

   당신과 함께한 나들이
   당신의 미소로 내 마음에 느껴지는 행복

   내 마음의 꽃은 시들어도
   당신 마음은 영원히 향기로 채워주리라

                        —「당신의 향기」 전문

  부부란, 살아서는 같이 늙고, 죽어서는 한 무덤에 묻히고 생사를 같이하는 부부 사랑의 맹세를 비유하는 어원이 백년해로(百年偕老)하는 뜻글이다. 손영채 시인의 가족 시편을 곰삭여 읽을수록 마음도 훈훈하게 데워지는 것 같다. 어떤 글이든 채워지는 사랑과 배려하고 혜량하는 마음자리가 준비되어 있으면 만사형통(萬事亨通)이다. 짧다면 짧고, 길다고 하면 긴 세월이지만 어찌 사람의 마음이 내 마음같이 한결 같으리오마는, 서로 이해하는 역지사지(易地思之)의 어원은 남의 처지와 바꾸어서 생각하여 본다는 뜻이며, 남의 처지에서 생각해 보면 모든 일도 원만하게 이루어진다는 말이다.

  손영채 시인의 시에서 연분홍 진달래 꽃향기가 모락모락 피어나는 것 같고 세상의 모든 사물이 행복으로 가득 차 있는 느낌이 들지 않는가! 사람의 마음은 천 가지, 만 가지 빛으로 물들이 가기 때문에 변하지 않고 오래도록 청실홍실 같은 사랑의 결실은 어느 가정사에서도 꼭 필요한 행복 조건이라고 본다. 연지 곤지 찍은 새악시 모습을 오래도록 간직하는 손영채 시인의 지극한 사랑법은 영원토록 빛나기를 바랄 뿐이다. 마지막 연에서 내 마음의 꽃은 시들어도/ 당신 마음은 영원히 그 향기로 채워주리라….

    함께 걸어온 인생길
    쉬우면서도 가장 어려운 길이었네

    풍파 속에서도 향기로운 당신
    내 속까지 스며드는 긍정의 향기

낮에는 따스한 햇살처럼
밤에는 반짝이는 밤하늘 별처럼
나를 비춰주던 당신

우리의 긴 여정 속
참된 사랑

당신은
나의 영혼의 꽃이여!

―「부부애(夫婦愛)」전문

 영혼의 꽃을 인용하여 시인은 부부애(夫婦愛)로 칭하고 있다 영원히 지지 않는 꽃, 그것이 바로 사랑의 혼불일 것이다. 이 한 편의 시를 통하여 화자는 얼마나 가족을 사랑하고 있으며 현실에서 찾아볼 수 없을 만큼 애절한 소중한 사랑의 메시지가 울림을 주는 대목들이다. "사랑은 오래 참고 사랑은 온유하며 투기하는 자가 되지 않으며 사랑은 자랑하지 아니하며 교만하지 아니하며 성내지 아니하며 악한 것을 생각지 아니하며 불의를 기뻐하지 아니하며 진리와 함께 기뻐하고 모든 것을 믿으며 모든 것을 바라며 모든 것을 견디느니라"(고전 13:4―7)이 합당한 사랑법이라는 것도 동질성(同質性)이 있다.

풍류가인 손영채 시인의 에필로그(Epilogue)에서 『우리집 가자』는 아버지를 그리워하는 사모의 마음들이 효심의 결정체로 주를 이루었으며 주로 자연과 꽃, 풍경, 명소, 탐방기, 여행지, 암자 가족사랑 등을 주제로 자신과 연관되는 중요한 시절인연(詩節因緣)설이 무색하지 않은 시적탐구(詩的探求)는 매우 절절한 구성과 의미 전달이 시편마다 서정적이고 감성적인 주제와 영감(靈感)을 주는 훌륭한 시의 전달이 능숙하고 담대한 시인이다. 묵시적이면서도 투시적인 시의 화법이 총천연색 화보를 연상하듯 어느 것 하나 막힘없이 술술 풀어 가는 작품세계의 창창한 날들이 빛과 소금이 되어 어둠을 밝혀주는 등불이 되어 더욱더 좋은 글로 독자들에게 보약 같은 작품이 탄생될 것이라 믿어 의심치 않으며 한국 문단은 물론 월간 문학세계와 세계문인협회의 각광받는 문인으로 하늘의 별, 지상에서 가장 거룩한 사명을 받은 시인으로 거듭나는 계기가 되는 제2시집 상재를 진심으로 축하하면서 독자들에게 뜨거운 사랑 받기를 바란다.

문학세계대표작가선 1016

우리집 가자

황산 손영채 제2시집

인쇄 1판 1쇄 2024년 5월 9일
발행 1판 1쇄 2024년 5월 19일

지 은 이 : 손영채
펴 낸 이 : 김천우
펴 낸 곳 : 문학세계 출판부 / 도서출판 천우
등   록 : 1992. 2. 15. 제1-1307호
주   소 : 서울시 광진구 구의강변로 85 강우빌딩 7F
전   화 : 02)2298-7661
팩   스 : 02)2298-7665
http://cafe.naver.com/chunwu777
E-mail : cw7661@naver.com

ⓒ 손영채, 2024.

값 17,000원

* 도서출판 천우와 저자의 서면 동의 없는 무단 전재 및 복제를 금합니다.
* 저자와의 협의에 따라 인지는 생략합니다.

ISBN 978-89-7954-927-0